0~36 개월

DEP
조기중재 교육과정

5 사회정서

서소정 · 장혜성 · 하지영 공저

학지사

본 DEP 조기중재 교육과정은
경기도장애인종합복지관의 연구비 지원을 받아 간행되었습니다.

저·자·서·문

장애위험 영아를 조기에 선별하는 것과, 또 장애진단을 받은 영아의 발달수준을 정확하게 파악하여 적기에 중재교육을 제공하는 것은 매우 중요한 일입니다. 그러나 현재 우리나라에서 장애위험 영아를 선별(screen) 및 평가(assess)하기 위해 사용하고 있는 대부분의 도구는 아쉽게도 외국에서 개발한 것을 그대로 번역한 경우가 많습니다. 아울러 장애위험 영아와 장애영아를 위한 조기중재 교육과정 또한 외국 프로그램을 번역한 후 일부 내용만 수정·보완한 것을 사용하고 있는 실정입니다. 이에 우리나라 영아에게 적합한 선별·교육진단 도구의 개발 및 이와 연계한 통합적 조기중재 교육과정 개발이 절실하였습니다.

본 DEP 조기중재 교육과정은 2006~2007년도 2년(Phase I)간에 걸쳐 이루어진 '영아선별·교육진단검사의 개발' 연구와 연계하여, 단순히 영아의 현행 발달수준을 선별 또는 평가하는 것에서 나아가 선별결과에 기초해 보다 효과적인 조기중재로 이어질 수 있도록 이후 2008~2009년도 2년(Phase II)간, 총 4년이라는 긴 연구기간을 거쳐 완성된 것입니다.

본 DEP 조기중재 교육과정은 출생에서 36개월까지를 총 8개 월령단계로 구분하여 발달의 제 영역에 관련된 교육내용을 담았으며, 크게 다음과 같이 세 가지 차원의 개발목적을 설정하였습니다. 첫째, 장애위험 영아의 객관적이고 정확한 선별검사를 통한 결과에 기초하여 통합적이고 총체적인 발달적 지원을 제공함으로써 이후 이들이 심각한 장애로 이어질 수 있는 가능성을 줄이고자 합니다. 둘째, 이미 장애진단을 받은 영아를 위해 보다 체계적이고 효과적인 조기중재 지원을 제공하고자 합니다. 즉, DEP 조기중재 교육과정은 장애영아와 장애위험 영아가 취약한 부분인 영역의 발달을 촉진할 수 있는 구체적 지침을 제공하고 있습니다. 셋째, DEP 선별검사 결과에 기초하여 영아교육 및 보육 현장과 가정에서 일반 개별 영아의 개인 내 발달영역의 강점 및 약점을 파악함으로써 보다 효과적으로 지원하고자 합니다.

본 DEP 조기중재 교육과정 개발절차는 다음과 같습니다. 1, 2차년도 영아선별 · 교육진단검사(DEP) 개발의 후속작업으로 3차년도에는 영아선별 · 교육진단검사(DEP)와 동일한 6개 영역, 344개 문항에 대해 교육과정 프로그램을 개발하였습니다. 그 후 영유아발달 및 장애영아 특수교육 관련 전문가로부터 교육과정 전반에 관한 내용타당도를 검증받았습니다. 4차년도에는 장애진단을 받지는 않았지만 장애로 발전할 위험이 있는 영아와 이미 장애진단을 받은 영아를 대상으로 하여 어린이집과 장애인복지관 담당 교사가 16주간에 걸쳐 중재 교육프로그램을 실시함으로써 DEP 조기중재 교육과정의 효과성을 검증하고, 또 수정 · 보완할 내용에 대한 자문을 하였습니다. 또한 지체장애, 청각장애, 시각장애 전문가 및 영아발달 전문가로부터 교육과정 전반에 관한 자문을 두 차례 추가로 받은 후 최종 보완하여 완성하였습니다.

본 DEP 조기중재 교육과정은 총 7권으로 매뉴얼, 대근육 운동기술, 소근육 운동기술, 의사소통, 사회정서, 인지, 기본생활 편으로 구성되어 있습니다. 그리고 전체적인 DEP 조기중재 교육과정은 목표행동 성취의 중요성, 자료, 목표행동 성취를 위한 단계적 지도과정, 일상생활에서의 지도과정, 고려사항, 목표행동 성취 기준에 관한 내용으로 구성되어 있습니다.

본 DEP 조기중재 교육과정이 개발될 수 있도록 그동안 자문을 해 주신 여러 전문가 명단(가나다순)은 다음과 같습니다. 강주희(한빛맹학교 특수교사), 김미숙(양천장애인복지관 특수교사), 김미정(다운복지관 물리치료사), 김상진(전 서울장애인복지관 작업치료사), 김수경(곡교어린이집 언어치료사), 김영란(이화여자대학교 언어병

리학 박사과정), 김은혜(강동구보육정보센터 장애아통합 순회자문교사), 김진희(강남구립 청담어린이집 교사), 명경미(한국우진학교 특수교사), 민정화(강남구보육정보센터 보육전문요원), 박경아(서울농학교 특수교사), 송영희(양천장애인복지관 특수교사), 신세희(국방부청사어린이집 교사), 안미영(강남구립 청수어린이집 교사), 유미희(다운복지관 특수교사), 이소영(이화여자대학교 특수교육과 박사과정), 이하나(강남구립 청담어린이집 교사), 전미선(강남구립 청담어린이집 교사), 정수진(군포시립 고은어린이집 교사), 정은진(한빛맹학교 특수교사), 조은숙(동광어린이집 교사), 차은정(동대문구립 이문어린이집 교사), 최은정(명장어린이집 교사), 최한나(동대문구립 이문어린이집 교사), 탁은정(한국사회서비스관리원), 황지영(강남구보육정보센터 보육전문요원) 님께 지면을 빌려 다시 한 번 감사드립니다.

마지막으로 본 검사도구 및 교육과정 개발을 위해 4년 동안 꾸준하게 연구지원을 해 주신 경기도장애인종합복지관에 깊은 감사를 드립니다. 지난 4년간 경기도장애인종합복지관의 전폭적인 지원이 없었다면 DEP 검사도구 개발은 물론 이와 연계한 교육과정 개발은 불가능했을 것입니다. DEP 조기중재 교육과정이 현장 교사와 부모에게 영아의 현행 발달수준을 손쉽게 파악하도록 도와주고, 또 개별 영아에게 적절한 조기중재 프로그램을 지원할 수 있는 기초 자료로서 유용하게 활용될 수 있기를 기대합니다.

2010년 6월

저자 일동

후 · 원 · 의 · 글

예방적 복지를 향한 시금석이 되기를

지난 2006년 '영아선별 · 교육진단검사의 개발 및 연구'를 시작한 이후 벌써 4년이 지났습니다. 이 연구는 영아선별 · 교육진단검사(DEP)와 검사 후 조기중재 교육과정을 연계하여서 지도하기 위한 DEP 조기중재 교육과정의 개발을 가능하게 했습니다. DEP는 발달이 지체되거나 어려움을 겪는 영아를 조기 선별하여 적절한 시기에 조기개입하여 발달을 지원할 수 있다는 측면에서 커다란 의의가 있습니다.

국내에는 장애위험 영아와 장애영아를 위한 조기중재 교육과정이나 이와 관련한 진단검사도구가 전무한 실정이어서 그동안 외국에서 개발된 도구를 사용할 수밖에 없었고, 이에 따라 한국의 사회-문화적 특성이나 욕구를 반영하지 못하는 한계가 있었습니다. 이렇게 장애영아에 대한 조기 선별이나 교육진단검사의 부재는 우리에게 너무나도 절박한 과제였습니다. 이에 저희 복지관 내에 다양한 연구과제 가운데 특별히 DEP 개발에 관한 제안서에 적극적으로 공감하여 지원을 결정하였고 이제 오랜 산고 끝에 한국형 DEP를 개발함으로써 결실을 맺게 되었습니다.

장애영아의 발달 문제는 조기 선별하고, 조기 개입과 지원을 통하여 예방하고 최소화할 수 있습니다. 한국형 DEP는 0~36개월의 영아의 다양한 움직임과 발달상태를 관찰, 평가함으로써 영아가 적절한 발달과정을 밟고 있는지, 아니면 발달이 지체되는지 등 장애 진행 여부를 평가하고 선별해 낼 수 있는 유용한 진단검사

도구입니다. 또한 같은 연령대의 영아에 비해 어느 정도 발달이 늦는지 측정이 가능하고 담당 교사나 치료사, 부모 모두에게 좋은 길잡이가 되는 진단검사도구가 될 것입니다. 나아가 영아의 발달지체를 조기에 발견하고 조기 개입 및 지원하는 것은 아동발달의 촉진만이 아니라 가족 구성원의 이해와 성장에도 많은 도움이 될 것입니다.

DEP 조기중재 교육과정을 통하여 장애 조기 발견과 개입, 지원 프로그램의 개발과 실행이 이루어져 우리 사회의 장애인 복지 증진과 발전에 조금이나마 보탬이 되었으면 합니다. 또한 DEP가 장애영아를 가진 부모님과 장애인복지관, 영유아 장애인 생활시설, 그리고 특수학교 등에서 적극적으로 활용됨으로써 더욱 적절한 개입프로그램의 개발과 참여로 예방적 복지 실현의 시금석이 되기를 바랍니다.

마지막으로 인내를 가지고 꾸준하게 DEP 조기중재 교육과정 개발을 위해 애쓰신 가톨릭대학교 특수교육과 장혜성 교수님, 경희대학교 생활과학대학 아동가족학과 서소정 교수님, 그리고 경희대학교 대학원 하지영 선생님께 거듭 감사의 마음을 전합니다. 아울러 이 책이 출판될 수 있도록 기꺼이 도움을 주신 학지사 김진환 사장님과 편집부 여러분에게도 감사를 드립니다.

2010년 6월

경기도장애인종합복지관장 최영

일러두기

◆ 부모는 DEP 검사(장혜성, 서소정, 하지영, 2008)를 통한 교육과정 지도 시 우선적인 목표행동을 찾기 어려울 수 있으므로, 목표행동을 선정할 때 반드시 전문가의 도움을 받아야 합니다.

◆ 부모가 본 교육과정을 사용할 경우에는 전문가의 도움을 받는 것이 좋습니다. 'DEP 조기중재 교육과정'은 개별 영아의 요구에 적합한 지원을 제공하기 위해서 교사나 부모가 쉽게 영아를 지도할 수 있도록 구성하였습니다.

◆ 영아발달은 6개 영역(대근육 운동기술, 소근육 운동기술, 의사소통, 사회정서, 인지, 기본생활)이 별개로 발달하는 것이 아닙니다. 따라서 영아의 특성과 각 영역별 항목의 연계를 고려하여 6개 영역의 교육과정을 함께 지도할 수 있도록 계획하는 것이 효과적입니다.

◆ 장애영아의 경우 한 가지 목표행동을 성취하는 데 시간이 많이 걸리고, 6개 영역의 발달이 고르지 않을 수 있습니다. 따라서 너무 서두르지 말고 지속적으로 지도하는 것이 필요합니다.

◆ 장애 특성에 따라 특히 성취되기 어려운 항목이 있습니다. 그런 경우에는 영아 스스로 목표행동을 이루는 데 필요한 과정과 연관된 활동/행동을 했을 때, 그 순간을 놓치지 않고 언어적 칭찬과 비언어적 칭찬(예: 웃어 주기, 머리 쓰다듬기)을 동시에 해 줍니다.

◆ 목표행동 성취를 위해서는 영아의 눈높이에 맞추어 자세를 낮추거나 신체적 접촉행동을 제공하고, 목표행동 성취를 위한 구체적 모델링 보여 주기 등을 실시합니다.

◆ 교육은 교육대상 영아가 졸린 상태이거나, 수유/이유식을 한 직후이거나, 낮잠에

서 깬 직후 등은 피하고 영아가 보다 활발하고 적극적으로 활동에 참여할 수 있는 최적의 시간을 선정하여 진행합니다.

◆ '목표행동 성취를 위한 단계적 지도과정'을 통해서 목표행동의 습득이 가능해지면 자연환경인 교육기관 또는 가정의 다양한 상황에서 연계하여 지도합니다. 교육활동 내용을 직접적으로 가르치려고 하거나 억지로 하지 말고 가능하면 일과 내에서 자연스럽게 지도합니다.

◆ 시각장애, 청각장애, 지체장애 영아의 경우는 '고려사항'을 참고하여 특히 주의하여 지도합니다.

◆ 한 가지 활동 안에서 가능한 한 여러 영역의 목표를 골고루 달성할 수 있는 방식으로 활동을 전개하면 좋습니다. 예를 들어, 부드러운 반투명 젤리를 사용하여 젤리의 촉감을 느끼게 함으로써 소근육 운동기술을, 젤리를 만져 본 느낌에 대해 이야기를 나눔으로써 의사소통기술을, 주양육자와 즐겁게 활동함으로써 사회정서 발달을, 먹는 젤리를 눈에 비춰 보아 색이 다르게 보이는 것을 관찰하고 먹지 못하는 다른 놀잇감을 비교하는 활동을 제시함으로써 인지발달을 지도합니다.

◆ 영아는 주양육자와 함께 일상생활 속에서 자연스러운 놀이활동에 참여함으로써 다양한 기술을 연습해 보는 기회를 가져야 합니다.

◆ 교육대상자인 영아의 흥미와 요구가 무엇인지 살펴 영아가 좋아하는 놀잇감이나 활동을 활용하여 지도할 때에 효과적인 교육이 가능합니다.

◆ 필요한 활동자료(예: 관련 놀잇감)를 제시할 때, 영아가 방해받지 않고 자신이 바라는 대로, 자신의 속도에 맞추어 활동자료를 충분히 탐색할 수 있도록 합니다.

차·례

4. 월령: 10~12개월 • 64

5. 월령: 13~18개월 • 81

8. 월령: 31~36개월 • 126

01 월령: 0~3개월

1. 목표행동

주양육자를 똑바로 쳐다보고 눈을 맞춘다.

◎ 목표행동 성취의 중요성

영아의 눈 맞춤은 사회적인 웃음, 놀이, 시각적 탐색, 주양육자를 알아보는 것, 낯선 사람에 대한 공포 등과 같은 초기 사회정서 능력 및 기술의 기초가 되며, 이는 영아의 시각적인 문제나 이후 지능 및 인지 발달에 중요한 역할을 한다.

◎ 자료

없음

◎ 목표행동 성취를 위한 단계적 지도과정

step 1 주양육자는 영아를 눕히거나 영아용 의자에 기대어 앉힌다. 이때 안전을 위해 영아용 의자에 부착된 안전벨트를 착용시킨다.

step 2 위의 상태에서 주양육자는 영아와 30cm 정도 떨어져 앉는다.

step 3 주양육자는 영아의 가슴 높이 정도에 얼굴을 낮추어 마주 보고 영아의 행동에 대해 고개를 끄덕이거나 언어적 반응(예: "까꿍.")을 해 준다.

step 4 주양육자는 영아와 눈 맞춤을 시도하면서 영아가 주양육자와 눈을 맞추는 행동을 하는지 관찰한다.

step 5 주양육자는 영아가 의도한 목표행동을 성취한 경우에 영아에게 가까이 다가가 얼굴을 마주하고 더 많은 비언어적 반응(예: 부드럽게 얼굴 만져 주기)과 언어적 반응(예: 영아 이름 불러 주기)을 보여 주며 목표행동을 강화시킨다.

◎ 일상생활에서의 지도과정

주양육자는 영아가 보는 앞에서 방향을 옮겨 이동하여 보고 영아가 움직임을 따라 눈 맞춤을 하고 쳐다보는지 관찰한다. 영아가 주양육자의 의도된 움직임을 따라가며 쳐다보는 것에 익숙해지면 영아와 주양육자의 거리를 점점 더 멀리해 본다.

◎ 고려사항

영아와 눈 맞춤을 위한 행동을 취할 때 갑작스럽게 다가가거나 매우 큰 소리(예: "꺄~~" "야~~")로 언어적 반응을 하면 영아가 놀랄 수 있으니 주의한다.

주양육자는 단계적 지도과정에 따라 영아에게 자극을 줄 때 영아의 기분 상태를 파악하여 한 번에 한 가지 자극만 주고 영아의 반응을 살핀 후 그다음 자극을 준다. 한꺼번에 너무 많은 자극을 주면 영아가 혼란스러워할 수 있다.

뇌성마비 영아의 경우는 척추의 지지가 어려우므로 의자에 기대어 앉힌 자세보다 뉜 상태에서 주양육자가 영아의 얼굴을 마주 보며 영아가 눈 맞춤을 하는지 살펴본다.

시각장애 영아의 경우는 주양육자의 음성을 이용하여 지도하도록 한다. 잔존시력이 있는 저시력 영아의 경우는 목표행동 성취를 위한 지도과정 및 일상생활에서의 지도과정을 통해 눈 맞춤을 시도한다. 광각, 즉 빛을 감지할 수 있는 경우 주양육자의 얼굴을 가까이 가져갔다가 뒤로 물러나거나 손으로 눈을 가리는 행동으로 까꿍놀이를 대신하여도 좋다. 전혀 볼 수 없는 전맹 영아의 경우는 주양육자의 목소리와 베이비 마사지 등 신체적 접촉이 주어졌을 때 영아가 미소를 짓는지 살펴본다.

◦ 목표행동 성취기준

영아는 주양육자가 가까이 다가가면 주양육자를 쳐다보거나 미소 짓는 행동을 하루 일과 중 최소 5회 이상 보인다.

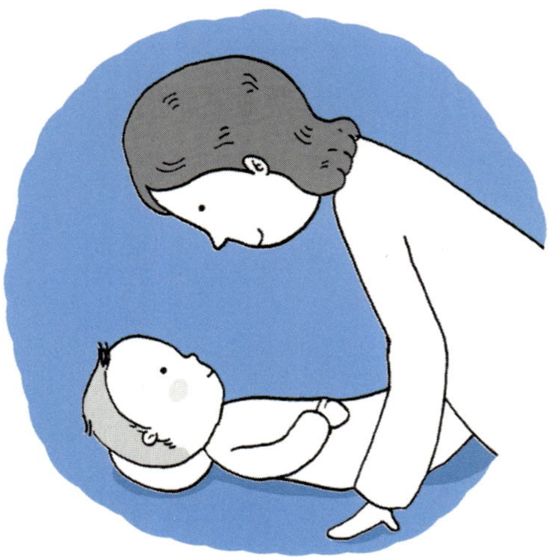

2. 목표행동

주양육자 목소리가 들리면 웃는다.

◎ 목표행동 성취의 중요성

영아는 주양육자의 목소리를 인지하고 그에 따른 반응으로 미소를 짓거나 웃음으로 표현한다. 이러한 경험은 주양육자와 영아 사이의 친밀감과 신뢰감을 형성하는 바탕이 되고 초기 애착 형성의 중요한 시초가 된다.

◎ 자료

없음

◎ 목표행동 성취를 위한 단계적 지도과정

step 1 주양육자는 영아와 상호작용을 할 때(예: 수유할 때, 기저귀 갈 때), 영아에게 언어적 자극(예: "○○야." "까꿍.")을 준다.

step 2 주양육자는 자신의 행동에 따라 영아가 웃음소리를 내는지 주양육자를 향해 미소를 짓는지 관찰한다.

step 3 영아가 목표행동을 성취한 경우에 주양육자는 즉각적으로 미소를 짓거나 웃음으로 반응해 주고 언어적 반응(예: "○○가 웃는구나." "기분이 좋구나.")으로 이러한 행동이 지속적으로 나타날 수 있도록 유도한다.

◎ 일상생활에서의 지도과정

영아와 상호작용 시에 이와 같은 지도과정이 꾸준히 지속될 수 있도록 하며, 주양육자는 영아의 반응에 항상 즉각적으로 응답해 주어야 한다.

◎ 고려사항

주양육자는 영아의 반응을 이끌어 내기 위해 말할 때 어조나 음색을 다양하게 변화시켜 본다. 또한 영아와 주양육자 사이의 안정적이고 지속적인 신체 접촉은 영아의 웃음을 자아내는 데 도움이 된다.

청각장애 영아의 경우는 주양육자의 목소리를 듣는 데 어려움이 있으므로 주양육자의 얼굴을 보여 주어 반응을 보거나, 주양육자가 있는 곳을 가리켜 준 다음 그쪽을 보고 나타내는 반응을 살펴본다. 또한 주양육자의 시각적인 암시(예: 몸짓과 얼굴 표정)를 이용하여 지도하도록 하고 잔존 청력을 살리기 위해 정상적인 크기와 속도로 자연스럽게 말한다.

시각장애 영아의 경우는 동일한 방법으로 진행하되 이때 노래를 들려주면 효과적이다.

◎ 목표행동 성취기준

영아와 주양육자의 상호작용 시에 영아가 주양육자의 음성을 듣고 5초 이내에 웃음소리를 내거나 미소를 짓는 행동을 하루 일과 중 최소 5회 이상 보인다.

3. 목표행동

다른 사람이 웃으면 따라 웃는다.

◎ 목표행동 성취의 중요성

영아는 타고난 기질적 특성과 더불어 환경에서 얻게 되는 즐거운 경험이나 고통스러운 경험을 통해 성격의 기초를 형성하게 된다. 영아는 안전하고 편안한 환경에서 타고난 흥미와 호기심을 가지고 주변 환경에 대한 반응을 시작하므로 주변인이나 환경이 긍정적이어야 영아가 즐거움을 느끼는 행동을 반복하게 된다.

◎ 자료

초보적인 까꿍놀이를 진행할 수 있는 촉감인형, 딸랑이 등

◎ 목표행동 성취를 위한 단계적 지도과정

step 1 주양육자는 영아와 상호작용을 할 때 얼굴 방향을 이동하며 입술로 "쪽" 소리를 내거나, 혀로 "똑똑" 소리를 낸다.

step 2 주양육자는 영아가 쳐다보면 미소를 짓는다.

step 3 영아가 주양육자의 표현을 보는 동안 주양육자는 영아의 배를 부드럽게 만져 주고 영아가 주양육자의 얼굴 움직임에 따라 미소를 짓는지 관찰한 후 의도된 행동이 나타나면 신체 접촉을 멈춘다.

step 4 주양육자는 영아와 함께 초보적인 까꿍놀이 형태의 활동(예: 숨고 나타나기 등 일련의 의도적이고 예측할 수 있는 목적활동)을 시도해 본다.

◎ 일상생활에서의 지도과정

주양육자는 영아에게 표정을 보여 줄 때 즐거움이 과장된 얼굴 표정을 수시로 지어 보여 목표행동이 더욱 빈번하게 일어날 수 있도록 유도한다.

◎ 고려사항

영아를 억지로 웃게 하기 위해 간지럼을 태우는 것과 같은 행동은 하지 않는다.

청각장애 영아의 경우는 주양육자의 웃음소리에 영아가 반응을 잘 하지 않으면, 주양육자는 웃는 표정을 크고 분명하게 하며, 웃음소리도 크고 과장되게 해 본다.

시각장애 영아의 경우는 일상생활에서 영아가 주양육자의 웃음소리에 반응하는지 살펴보고, 즐거움이 과장된 얼굴 표정과 함께 즐거움이 담긴 목소리를 들려준다. 즐거움과 애정을 전하는 목소리에는 이에 상응하는 표정이 자연스럽게 나

타나게 되므로, 단지 시각장애라는 이유로 주양육자가 목소리에만 치중하고 표정을 간과해서는 안 된다.

◎ 목표행동 성취기준

영아는 주양육자의 얼굴 표정에 반응하여 미소를 짓거나 웃음을 짓는 행동을 하루 일과 중 최소 5회 이상 보인다.

4. 목표행동

우유병을 보면 울음을 그친다.

◎ 목표행동 성취의 중요성

영아는 자신의 신체적 욕구(예: 배고픔)를 울음으로 표현했을 경우 그 요구가 타인에 의해 관철될 수 있음을 경험하게 된다. 자신의 욕구가 충족되면 울음을 그침으로써 자신의 의사표현과 관련된 행동을 변경시킬 수 있게 되는데, 이는 초기 사회정서발달에 중요한 역할을 한다.

◎ 자료

우유병

◎ 목표행동 성취를 위한 단계적 지도과정

step 1 주양육자는 수유시간 전에 영아가 우유병이나 엄마 젖가슴을 볼 수 있도록 충분한 시간을 준다.

step 2 영아가 우유병이나 엄마 젖가슴을 보면 스스로 먹을 시간인지 알고 예측 가능한 행동(예: 우유병을 빨듯이 입을 오물거리기, 우유병을 의도적으로 쳐다보기)을 잠깐이라도 보이는지 1~2회 정도 사전에 관찰한다.

step 3 주양육자는 수유하기 전에 영아에게 우유병이나 젖가슴을 보여 주고 영아가 잠깐 동안이라도 집중하도록 유도한다.

step 4 주양육자는 영아가 볼 수 있는 시야(20~30cm 이내)에서 우유병을 흔들며 언어적 자극(예: "우리 ○○, 맘마 먹자!")과 비언어적 자극(예: 눈 맞추기, 웃기)을 제공한다.

step 5 주양육자는 영아가 목표행동을 성취한 경우에 즉각적으로 언어적 반응(예: "우리 ○○, 맘마 먹고 싶었구나. 그래, 맘마 먹자.")과 비언어적 반응(예: 눈 마주치기, 웃기)을 보여 이후에도 목표행동이 강화될 수 있도록 한다.

○ 일상생활에서의 지도과정

주양육자(엄마) 이외에도 가정에서 다른 양육자가 영아에게 수유하는 경우 이상과 같은 지도과정이 반복적으로 진행될 수 있도록 한다.

○ 고려사항

수유시간과 간격을 규칙적으로 정한다. 이 시기에 주양육자는 영아의 기본적인 신체욕구를 충족시키기 위해 영아의 행동에 즉각적이고 일관성 있는 반응을 적절하게 해 주어야 한다. 가능하다면 한 명의 양육자가 영아를 돌보아야 하며, 규칙적인 일과(예: 잠재우기, 기저귀 갈기, 우유 먹이기, 놀기)를 구성하고 편안한 환경을 조성한다.

이 시기 울음의 원인이 배에 가스가 차거나 영아산통일 수 있으므로 유의하여 살펴보고, 이러한 경우에는 영아의 배를 마사지해 주거나 업고 산책하거나 또는 약간의 기분 좋은 진동을 느끼도록 안아서 부드럽게 흔들어 주도록 한다.

시각장애 영아의 경우는 우유병을 흔드는 소리나 엄마 젖가슴/우유병의 촉각적 자극을 이용하여 지도하는 것이 좋으며, 평가 시에도 엄마의 젖가슴을 만지게 해 주었을 때 영아가 5초 이내로 울음을 그치는지 살펴본다.

◦ 목표행동 성취기준

영아는 정해진 수유시간에 우유병이나 엄마 젖가슴을 보면 5초 이내에 울음을 그치는 행동을 하루 일과 중 최소 5회 이상 보인다.

5. 목표행동

안아 주거나 흔들어 주면 울음을 그친다.

◦ 목표행동 성취의 중요성

이 시기의 영아는 주로 울음을 통해서 자신의 의사 표현을 한다. 주양육자는 영아가 울 때 영아의 욕구가 무엇인지 찾아서 해결해 줌으로써 영아가 안정감을 가지고 자신의 의사 표현을 더 원활히 하도록 해 주어야 한다. 이러한 경험을 통해 영아는 자신이 만족스럽지 못한 상황에 있을 때 의사 표현을 함으로써 그 상황에서 벗어날 수 있음을 인지하게 된다.

◦ 자료

없음

◦ 목표행동 성취를 위한 단계적 지도과정

step 1 주양육자는 영아가 생리적인 욕구가 채워지지 않아 울고 있을 때 영아의 상태(예: 얼굴 표정, 신체 주변의 냄새)를 살펴본다.

step 2 주양육자는 영아의 불편함을 해소시킨 후 영아를 편안한 자세로 안아 준다.

step 3 주양육자는 영아를 안은 상태에서 좌우로 살살 흔들어 주거나 쓰다듬어 주거나 두드리는 등의 신체적 접촉과 촉각적 자극을 준 후 목표행동이 관찰되는지 확인한다.

○ 일상생활에서의 지도과정

영아에게서 목표행동이 관찰되면 즉각적으로 반응하여 얼러 주고 안정을 찾을 수 있도록 해 준다.

○ 고려사항

주양육자는 영아와 신체 접촉을 할 때 너무 강한 자극을 주지 않도록 주의한다. 예를 들어, 영아를 위로 던졌다 받거나 강하게 흔드는 등의 행동은 아직 머리를 지탱하는 목 근육이 발달되어 있지 않은 영아에게 충격을 줄 수 있다. 또한 영아의 뇌와 뇌혈관은 작은 충격에도 쉽게 손상을 받는데, 강한 자극을 주게 되면 뇌가 두개골에 부딪히면서 뇌출혈을 일으킬 수 있다.

영아를 안을 때 영아가 싫어하거나 밀치면 불편하다는 신호이며, 밀치는 근육 힘이 지나치게 강할 때는 전문가 상담을 받아 보도록 한다.

시각장애 영아의 경우는 시각적인 자극이 결여되는 데서 오는 심리적 불안과 긴장감이 짜증 섞인 울음과 행동으로 표출되는 경우가 많으며, 낯선 목소리와 신체적 접촉을 강하게 거부하며 밀치는 등의 두드러지는 행동 특성을 보일 수 있으므로 주의 깊게 살핀다.

○ 목표행동 성취기준

영아는 주양육자의 신체적, 촉각적 자극에 울음을 그치거나 웃는 등의 기분 좋은 반응을 나타내는 행동을 하루 일과 중 최소 5회 이상 보인다.

6. 목표행동

친숙한 장난감을 치워 버릴 때, 울거나 장난감을 향해 손을 뻗는다.

◎ 목표행동 성취의 중요성

감각운동기 초기에 있는 영아는 친숙한 사물이나 사람에게 초점을 맞추고 그 움직임을 좇아 목적이 있는 행동을 적극적이고 능동적으로 시도해 보려고 하게 된다. 이러한 행동은 향후 대상영속성의 개념을 형성하는 데 중요한 역할을 한다.

◎ 자료

영아용 놀잇감(예: 딸랑이, 촉감인형, 헝겊공)

◎ 목표행동 성취를 위한 단계적 지도과정

step 1 주양육자는 영아가 좋아하는 놀잇감을 영아의 손 가까이에 놓고 영아가 손을 내밀면 준다.

step 2 주양육자는 영아에게 주었던 놀잇감을 다른 곳으로 치울 때 영아가 울거나 놀잇감을 향해 손을 뻗는지 살펴본다. 이때 놀잇감은 영아의 손에 닿을 수 있는 범위에 있어야 한다.

step 3 주양육자가 영아에게 다시 놀잇감을 주었을 때 영아가 잡지 않으면 영아의 손바닥을 부드럽게 두드려 영아가 놀잇감이 있는 곳으로 손을 내밀도록 유도한다.

step 4 영아가 놀잇감을 향해 손을 움직이기 시작하면 주양육자는 미소를 지으며 격려해 준다.

◎ 일상생활에서의 지도과정

영아가 다른 사물에 시선을 빼앗기지 않도록 주위를 정리하고 영아가 좋아하는 놀잇감에만 집중할 수 있도록 일상의 놀이과정에서 진행한다.

◎ 고려사항

주양육자는 영아가 친숙한 사물을 향해 반응을 보이며 자신의 요구를 표현할 경우 영아의 손이 닿는 범위에 사물을 제시해 주어 성취감을 느낄 수 있도록 해 준다.

대상영속성의 개념은 감각운동적 지능의 발달 과정과 밀접하게 관련되어 발달한다. 대상영속성 개념은 눈-손의 협응력이 빠르게 발달하는 과정에서 시각적으로 노출되어 있을 경우에만 형성되므로 사물의 일부가 보이도록 부분적으로 가려 주어야 한다.

뇌성마비 영아의 경우는 손을 뻗을 때, 고개나 사지의 불수의적인 움직임 또는 경직형의 자세가 나올 수 있으므로 주양육자는 영아의 눈빛이 놀잇감을 따라가는지 살펴보고 영아의 손을 잡아 놀잇감을 만지게 함으로써 눈과 손의 협응력을 기르도록 한다.

시각장애 영아의 경우는 소리 나는 놀잇감을 이용하여 지도한다. 영아에게 놀잇감을 만지게 하다가 살짝 치우거나 소리 나는 놀잇감을 이용해 소리를 들려주다가 멈추었을 때 영아가 어떤 행동을 보이는지 살펴본다.

◎ 목표행동 성취기준

영아는 주양육자가 놀잇감을 치웠을 때, 울거나 치워진 놀잇감을 향해 손짓하거나 몸을 움직이는 등의 행동을 하루 일과 중 최소 5회 이상 보인다.

02 월령: 4~6개월

1. 목표행동

욕구를 표현하기 위해 운다.

◎ 목표행동 성취의 중요성

영아는 자신의 신체적 욕구(예: 배고픔, 졸림)를 스스로 인지하고 울음으로 정서 상태를 나타낸다. 주양육자가 영아의 기본적인 욕구에 지속적이고 신속하게 반응함으로써 영아는 주양육자에게 신뢰감을 갖게 된다. 또한 자신의 욕구가 충족되는 것을 경험하면서 안정적인 사회정서발달을 형성해 나가는 데 필요한 토대를 마련하게 된다.

◎ 자료

없음

◎ 목표행동 성취를 위한 단계적 지도과정

step 1 주양육자는 영아의 생리적인 욕구가 충족되지 않았을 경우 영아가 울거나 칭얼거리는지 관찰한다.

step 2 영아가 울거나 칭얼거리면 주양육자는 영아의 기본적인 욕구에 즉각적으로 반응(예: 수면, 수유, 배변 처리)해 주어야 한다.

step 3 주양육자는 영아가 기본적인 욕구가 충족되면 울거나 칭얼거리는 행동을 멈추는지 살펴본다.

◎ 일상생활에서의 지도과정

주양육자는 영아의 울음, 몸짓 등을 면밀하게 관찰하여 영아의 기본적인 욕구를 충족시켜 준다.

◎ 고려사항

기본적인 욕구가 충족된 경우에도 영아가 계속하여 울거나 칭얼거릴 경우에는 몸에 이상이 있는지 점검해 본다(예: 체온 점검).

◎ 목표행동 성취기준

영아는 배고픔이나 졸림 등의 기본적인 욕구를 나타내기 위해 울거나 칭얼거리고 욕구가 충족되면 울기나 칭얼거리기를 30초 이내에 멈추는 행동을 하루 일과 중 최소 5회 이상 보인다.

2. 목표행동

주양육자가 이야기를 하거나 보고 웃으면 소리를 낸다.

◎ 목표행동 성취의 중요성

영아는 주양육자의 목소리와 미소, 웃음에 대해 발성으로 반응을 나타내기 시작한다. 이러한 경험은 주양육자의 사회적 상호작용의 결과로 초기 사회정서발달에 중요한 영향을 미친다.

◎ 자료

없음

◎ 목표행동 성취를 위한 단계적 지도과정

step 1 주양육자는 영아와 상호작용을 할 때(예: 수유할 때, 기저귀 갈 때) 영아에게 언어적 자극(예: "○○야, 까꿍.")을 해 준다.

step 2 주양육자의 행동에 따라 영아가 웃음소리(예: "꾸꾸." "우~.")를 내거나 주양육자를 향해 미소를 짓는지 관찰한다.

step 3 영아가 목표행동을 성취한 경우에 주양육자는 즉각적으로 미소를 짓거나 웃음으로 반응해 주고 언어적 반응(예: "○○가 웃는구나." "기분이 좋구나.")을 함으로써 이러한 행동이 지속적으로 나타나도록 유도한다.

◎ 일상생활에서의 지도과정

영아에게 수시로 주양육자의 음성을 들려주고, 영아가 자발적으로 발성을 나타낼 때마다 주양육자는 영아의 소리를 모방하여 이야기해 주고 미소를 지으며 반응해 준다.

◎ 고려사항

영아가 나타내는 모든 음성에 주양육자는 즉각적으로 웃으며 반응해 주도록 한다.

주양육자는 영아의 반응을 이끌어 내기 위해 말할 때 다양하게 변화시켜 본다.

영아가 발성을 나타내지 않거나 적을 경우에는 영아가 평상시에 이미 내고 있는 소리나 재미있는 소리, 간단한 동요 등을 들려준다.

주양육자는 영아가 소리를 내는 중간 중간에 잠시 멈추고 어떤 소리를 내는지 살펴본다.

시각장애 영아의 경우는 목표행동을 성취하면 언어적 반응과 함께 친밀감을 표현하는 신체 접촉을 함께 해 준다. 예를 들어, 영아의 손으로 주양육자의 손가락을 잡게 해 주거나 이마 쓸어 주기, 부드럽고 가볍게 두드려 주기, 볼 비비기, 볼에 뽀뽀하기 등을 해 준다.

◎ 목표행동 성취기준

영아는 주양육자와 상호작용을 할 때 주양육자의 음성을 듣고 5초 이내에 발성을 나타내는 행동을 하루 일과 중 최소 5회 이상 보인다.

3. 목표행동

엄마가 젖가슴이나 우유병을 보였을 때, 젖가슴이나 우유병 쪽으로 고개를 돌려서 젖/우유를 먹이려는 것을 알아차린다.

◎ 목표행동 성취의 중요성

영아가 젖가슴이나 우유병을 향해 고개를 돌리거나 입을 오물거리는 것은 젖가슴이나 우유병을 인지하고 반복적인 수유 경험을 통해 수유시간임을 예측할 때 나타나는 행동이다. 이는 영아가 일과 과정에 익숙해졌음을 나타내며, 일관성 있는 일과 시간 구성은 영아의 안정적인 초기 사회정서발달과 깊은 관계가 있다. 또한 이 시기 자신의 신체 일부(예: 턱과 머리)를 스스로 조절할 수 있다는 점에서 초기 감각운동적 능력 발달에도 영향을 미친다.

◎ 자료

우유병

◎ 목표행동 성취를 위한 단계적 지도과정

step 1 주양육자는 일상생활 속에서 영아에게 젖가슴이나 우유병을 보이고 영아의 반응을 살펴본다.

step 2 주양육자는 영아에게서 고개 돌리기, 젖가슴이나 우유병을 향해 손을 뻗기 등의 행동이 관찰되는지 확인한다.

step 3 영아가 목표행동을 나타내지 않으면 주양육자는 젖가슴이나 우유병이 영아에게 잘 보이도록 해 주고 관심을 가지도록 유도한다(예: 우유병 흔들어 주기).

step 4 영아가 목표행동을 나타내면 주양육자는 즉각적으로 언어적 반응(예: "우리 ○○, 맘마 먹고 싶었구나. 그래, 맘마 먹자.")과 비언어적 반응(예: 눈 맞추기, 웃기)을 보여 이후에도 목표행동이 강화될 수 있도록 한다.

◎ 일상생활에서의 지도과정

주양육자 이외에도 가정에서 다른 양육자가 영아에게 수유하는 경우 이상과 같은 지도과정이 반복적으로 진행될 수 있도록 한다.

◎ 고려사항

수유시간과 간격을 규칙적으로 정한다. 이 시기에 주양육자는 영아의 기본적인 신체욕구를 충족시키기 위해 영아의 행동에 즉각적이고 일관성 있는 반응을 적절하게 해 주어야 한다. 가능하다면 한 명의 양육자가 영아를 돌보아야 하며, 규칙적인 일과(예: 잠재우기, 기저귀 갈기, 우유 먹이기, 놀기)를 구성하고 편안한 환경을 조성한다.

시각장애 영아의 경우는 우유병을 흔드는 소리나 엄마 젖가슴/우유병의 촉각적 자극을 이용하여 지도한다. 또한 이들의 경우에는 엄마의 젖가슴이나 우유병을 만지게 해 주는 것으로 대체한다.

◎ 목표행동 성취기준

영아는 주양육자가 젖이나 우유병을 보이며 수유시간을 암시하면 수유시간임을 알고 젖이나 우유병 쪽으로 고개를 돌리는 행동을 하루 일과 중 최소 5회 이상 보인다.

4. 목표행동

주양육자가 영아에게 이야기를 하거나 웃어 주기 전에 영아가 먼저 가까이 있는 주양육자를 알아보고 웃는다.

◎ 목표행동 성취의 중요성

영아는 친숙한 사람에 대해 알게 되고 주양육자를 시각적으로 인식하게 된다. 영아가 주양육자를 인식하고 눈을 맞추는 것은 초기 애착 형성 및 사회정서기술의 기초가 되고 시각적인 문제나 이후 지능 및 인지 발달에 중요한 영향을 미친다.

○ 자료

없음

○ 목표행동 성취를 위한 단계적 지도과정

step 1 주양육자는 영아를 편안하게 안고 있거나 영아용 의자에 앉혀 놓고 눈맞춤을 하며 영아가 보이는 행동(예: 미소짓기, 옹알거리기)을 살펴본다.

step 2 주양육자가 먼저 자극을 주지 않았을 때 영아가 주양육자를 향해 미소를 짓거나 옹알이를 하는지 확인한다.

step 3 주양육자는 영아가 목표행동을 성취하면 언어적 칭찬(예: "우리 ○○ 기분이 좋구나.")과 비언어적 칭찬(예: 쓰다듬어 주기, 같이 미소 짓기)을 해 준다.

○ 일상생활에서의 지도과정

영아는 주로 친숙한 사람에게만 반응을 보이기 때문에 주양육자는 사전에 충분한 상호작용 시간을 가져야 하며, 가능하면 한 명의 양육자가 영아를 돌보는 것이 영아의 안정적인 사회정서발달에 도움이 된다.

청각장애 영아의 경우는 영아가 주양육자를 보고 미소를 짓거나 웃으면 "그랬어? 우리 ○○, 좋아요? 웃는구나! 까르르르, 호호호, 하하하, 히히히, 아유 잘 웃네요." 하며 다양한 웃음소리를 미소를 지으며 들려주어 영아의 웃는 행동을 강화해 준다. 또한 웃음을 유도할 수 있는 다양한 상황(예: 좋아하는 놀잇감, 장소, 사람, 분위기)을 만들어 주어 자주 웃게 해 준다.

○ 고려사항

이 시기에 주양육자가 먼저 자극을 주지 않는 한 영아가 주양육자를 향해 어떠한 반응도 보이지 않는다면(수유할 때, 기저귀 갈 때, 목욕할 때, 놀이할 때) 일상생활에서 영아의 몸과 머리카락을 부드럽게 만져 주고 마사지해 주는 것과 같은 신체적 접촉을 함으로써 정서적인 유대감을 형성하도록 한다.

초기 애착은 대체로 먹이기, 기저귀 갈아 주기, 재워 주기 등과 같은 일련의 단순 활동에 영아와 주양육자의 반응이 구조화되면서 형성되므로, 이전 단계에서 이러한 활동이 충분히 이루어졌는지를 점검해 본다.

시각장애 영아의 경우는 촉각적 · 청각적 자극이 주어지지 않으면 상대방을 인식하는 데 어려움이 있다. 따라서 영아가 주양육자를 보고 웃는 것이 아니라 주양육자가 영아를 만지는 등 직접적인 촉각자극을 주었을 때 영아가 보이는 반응으로 평가한다. 또는 주양육자가 영아에게 직접 말을 건네는 것이 아니라 주양육자가 영아의 주변에서 혼잣말을 하며 주양육자가 가까이에 있음을 알게 한 다음 영아의 반응을 살펴 목표행동을 평가하도록 한다.

◎ 목표행동 성취기준

영아는 주양육자가 먼저 자극(예: 웃어 주기, 대화하기)을 주지 않아도 자기가 먼저 주양육자를 향해 반응(예: 옹알거리기, 웃기, 미소 짓기)을 나타내는 행동을 하루 일과 중 최소 5회 이상 보인다.

5. 목표행동

커다란 거울 앞에 있을 때 자신을 보고 웃거나 옹알거린다.

◎ 목표행동 성취의 중요성

영아는 자신의 손이나 발 등의 신체를 탐색하는 행동에서 나아가 주양육자와의 신체 접촉이나 상호작용을 통해 자신과 타인이 분리되어 있음을 인식한다. 자아 개념은 다양한 인간관계 속에서 스스로를 긍정적으로 보고 자신감 있고 능동적인 인간으로 성장해 나가는 데 매우 중요한 역할을 한다. 특히 영아가 거울을 통해 자기 모습을 시각적으로 인식하는 것은 자신이 다른 사람과 분리된 존재라는 것을 인지해 나가는 데 기초가 된다. 이러한 경험은 영아 초기의 인지발달과 사회성 발달에 중요한 영향을 미친다.

◎ 자료

영아용 거울(예: 영아가 고개를 들었을 때 볼 수 있도록 벽면에 부착된 거울, 영아용 전신용 거울, 소리나 움직임을 지각할 수 있는 다목적용 영아 손거울)

◎ 목표행동 성취를 위한 단계적 지도과정

step 1 주양육자는 영아를 안고 거울 앞에 앉아서 영아가 거울에 비친 자기 모습을 보도록 유도한다.

step 2 주양육자는 영아의 주의를 끌기 위해 거울을 두드려 주거나 미소를 지으며 언어적 반응(예: "우리 ○○야, 여기를 봐.")으로 자극해 준다.

step 3 영아가 거울에 비친 자기 모습에 반응(예: 미소 짓기, 옹알거리기)을 보이지 않으면 영아의 시선을 집중시키기 위해 밝은색 모자를 씌워 준다거나 영아가 좋아하는 놀잇감(예: 동물인형, 딸랑이)을 거울에 비춰 준다.

step 4 영아가 거울에 비친 자기 모습에 관심을 보이면 주양육자는 영아가 다양한 자세(예: 엎드리기, 옆으로 눕혀 놓기, 도움 받아서 앉기/서기)를 취할 수 있도록 하여 자기 모습을 살펴볼 수 있도록 해 준다.

◎ 일상생활에서의 지도과정

거울을 활용하여 영아의 자아개념을 발달시키기 위해서는 영아가 평소 거울을 얼마나 자주 접하는지, 영아의 인지적 능력이 현재 어느 수준인지, 그리고 의미 있는 타인(주양육자 포함)과 얼마나 많은 사회적 접촉을 경험하였는지가 모두 중요하다. 따라서 주양육자는 일상 속에서 수시로 영아와 함께 거울을 활용하여 상호작용을 시도하도록 한다.

거울뿐만 아니라 실루엣이 비칠 수 있는 물건(예: 밤 시간의 유리창/유리문, 꺼진 상태의 TV)을 통해 일상생활에서 영아가 자신의 모습 또는 그림자를 볼 수 있도록 해 준다.

거울에 비친 자기 모습을 통해 다양한 활동(예: 짝짜꿍, 짝꿍놀이, 뽀뽀하기)을 시도해 본다.

영아와 주양육자의 상호작용 형태나 수준이 초기 영아의 자아개념 형성에 중요한 역할을 하므로, 주양육자는 영아 가까이에서 항상 미소 짓고 격려함으로써 영아가 안정감을 느낄 수 있도록 해 준다.

◦ 고려사항

거울은 영아와 주양육자의 모습이 모두 비치는 크기가 좋으며, 깨지지 않는 영아용 거울을 준비한다.

뇌성마비 영아의 경우는 척추의 지지가 어려우므로 의자에 기대어 앉은 자세보다는 편안하게 누운 상태에서 주양육자가 영아의 얼굴을 마주 보며 거울을 보여 줌으로써 자신의 신체를 보도록 한다.

시각장애 영아의 경우는 주양육자가 거울에 비친 영아의 모습을 간단하고 정확한 언어로 말해 준다. 잔존시력이 있는 저시력 영아의 경우는 좀 더 가까운 거리에서 동일하게 지도하고 전혀 볼 수 없는 전맹영아의 경우는 주양육자가 거울에 비친 영아의 모습을 언어적으로 설명하거나 영아의 손을 잡고 거울에 비친 모습을 따라 그려 보거나 손바닥으로 거울을 만지게 해 주어 촉감을 느끼도록 해 준다.

◎ 목표행동 성취기준

영아가 거울에 비친 자기 모습에 관심을 갖고 반응(예: 미소 짓기, 옹알거리기)을 하는 행동을 하루 일과 중 최소 5회 이상 보인다.

6. 목표행동

가족에게는 웃고, 낯선 사람에게는 뚫어지게 쳐다보거나, 찡그리거나, 위축되거나 우는 반응을 보인다.

◎ 목표행동 성취의 중요성

영아는 친숙한 사람을 먼저 인식하면서 낯선 사람을 구별하게 되고 낯가림을 하게 된다. 친숙한 사람과 활발하게 상호작용을 하면서 주양육자에 대한 시각적인 인식을 먼저 하게 된다. 또한 놀라거나 우는 행동을 통하여 낯선 사람에 대한 거부와 두려움의 정서를 명확하게 표현한다. 이러한 활동은 외부인과 가족의 일원을 구분해 낼 수 있도록 하므로 영아의 생존과 적응에 필요한 본능적이고 정상적인 반응이며 안전과도 깊은 관련이 있다.

◎ 자료

없음

◎ 목표행동 성취를 위한 단계적 지도과정

step 1 주양육자는 영아를 낯선 환경(예: 공원, 마트/백화점)이나 낯선 사람(예: 평소 접촉이 적거나 없었던 친척 어른/이웃)과 접할 수 있도록 한다.

step 2 주양육자는 낯선 환경에서 낯선 사람을 접했을 때 영아의 반응(예: 얼굴 찡그리기, 뒤척이기, 웃지 않기, 울기, 주시하기, 조용해지기)을 살펴본다.

step 3 주양육자는 영아를 낯선 사람에게 데려가거나 낯선 사람이 영아에게 다가올 때 목표행동이 나타나는지 살펴본다.

◎ 일상생활에서의 지도과정

가정에서는 가족 활동에 영아를 참여시킨다. 영아가 가족 구성원 모두와 눈 맞춤을 하도록 하고 안아 주고 이야기하는 시간을 갖도록 한다.

집에 영아가 잘 모르는 사람(예: 친척, 주변 이웃, 가족의 친구)이 방문했을 때 보이는 영아의 표정을 잘 관찰하고 가족 구성원과 낯선 사람에게 보이는 얼굴 표정에 차이가 있는지 확인한다. 일반적으로 영아는 자신의 가족에게는 웃지만 낯선 사람에게는 호기심을 나타내는 태도를 보일 수 있다. 또한 놀이활동을 할 때 가족에게는 반가움을 표현하나 낯선 사람에게는 조용히 하는 반응을 보이기도 하니 주의한다.

◎ 고려사항

영아가 외향적인 성향을 지니고 있으며 이미 여러 양육자를 경험했을 경우 낯선 사람에 대한 불안을 경험하지 않을 수도 있으나, 여러 사람에 대한 태도에서 차이가 나타나지 않고 불안해하지 않는다면 시각적인 인식과 관련된 지능 이상을 생각해 보아야 한다. 주양육자에 대한 시각적인 인식이 가능해야 낯선 사람에 대한 불안이 생기므로 아직 주양육자와 타인을 제대로 구별해 내는 초보적인 인식이 형성되지 않았을 수도 있다. 그러나 영아와 주양육자가 충분한 시간을 함께했는데도 8개월 전후로 낯가림이 전혀 생기지 않는다면 발달상의 이상 여부를 전문가로부터 진단받아 보는 것이 좋다.

시각장애 영아의 경우는 주양육자를 비롯한 가족의 친숙한 목소리가 아닌 낯선 목소리를 들려주고 영아에게서 목표행동이 관찰되는지 확인한다.

◎ 목표행동 성취기준

영아는 낯선 사람과 낯선 환경을 접했을 때 얼굴 찡그리기, 뒤척이기, 웃지 않기, 울기, 주시하기, 조용해지기 등의 행동을 일주일 동안 최소 5회 이상 보인다.

7. 목표행동

주양육자가 손을 눈에 대었다가 떼는 행동을 보면서 웃으며 좋아한다(까꿍놀이를 즐긴다).

◎ 목표행동 성취의 중요성

까꿍놀이는 영아가 타인과 긍정적인 사회행동을 할 수 있는 기회가 된다. 또한 눈앞에 사물이 보이지 않는다고 해서 사물이 없어지는 것이 아니라는 것(대상영속성)을 알게 해 주는데, 이는 영아가 주양육자와 애착관계를 형성한 이후 주양육자가 시야에 보이지 않아도 늘 함께 있다는 것을 알고 불안을 느끼지 않도록 하는 데 중요한 역할을 한다.

◎ 자료

천/헝겊, 영아용 놀잇감(예: 딸랑이, 촉감인형, 헝겊공)

◎ 목표행동 성취를 위한 단계적 지도과정

step 1 주양육자는 영아의 손을 같이 잡고 영아의 눈앞에 놓았다가 아래로 내리며 "까꿍" 하고 말하는 것을 여러 번 반복한다.

step 2 주양육자는 영아 앞에서 자신의 얼굴을 손으로 가렸다가 내리며 "까꿍" 하고 미소 지으며 말한다. 익숙해지면 사물(예: 영아용 의자, 책상) 뒤에 숨었다가 영아를 향해 얼굴을 내밀며 "까꿍" 하고 말한다. 영아가 주양육자를 볼 때까지 계속한다.

step 3 천이나 헝겊을 사용하여 주양육자의 얼굴을 가렸다가 내리며 "까꿍" 하고 말하며 미소 짓는다. 익숙해지면 영아에게 친숙한 놀잇감(예: 딸랑이, 촉감인형, 헝겊공)을 뒤에 숨기거나 헝겊/천으로 덮었다가 열어 보이며 "까꿍~ 여기 있네."라고 말한다.

step 4 주양육자는 까꿍놀이를 하며 영아의 반응(예: 웃기, 소리 지르기)을 살펴보며 영아가 까꿍놀이를 모방할 수 있도록 격려한다.

◎ 일상생활에서의 지도과정

활동 시 주양육자는 영아와 눈을 맞추도록 하며, 이때 영아가 좋아하는 놀잇감을 이용하여 활동을 전개하면 효과적이다.

까꿍놀이를 통해 주양육자가 다양한 얼굴 표정을 보여 주면 초기 영아의 정서 발달과 표현에 도움이 된다.

◎ 고려사항

헝겊, 천 등의 놀잇감과 사물을 이용하여 활동을 전개할 때 영아가 미끄러져 넘

어지거나 부딪히지 않도록 주의한다.

뇌성마비 영아의 경우는 척추의 지지가 어려우므로 의자에 기대어 앉은 자세보다는 누운 상태에서 주양육자가 영아의 얼굴을 마주 보며 까꿍놀이를 할 수 있도록 한다.

시각장애 영아의 경우는 주양육자가 "까꿍" 하면서 영아가 좋아하는 놀잇감을 만지게 하거나 영아의 손을 잡고 주양육자의 얼굴을 반복적으로 만지게 해 주어 영아가 "까꿍"이라는 소리에 반응하도록 한다.

◎ 목표행동 성취기준

영아는 주양육자가 하는 까꿍놀이를 보며 즐거워하거나 주양육자의 행동을 모방하려는 모습(예: 손을 올렸다 내리기)을 하루 일과 중 최소 5회 이상 보인다.

8. 목표행동

주양육자에게 안아 달라고 팔을 벌린다.

◎ 목표행동 성취의 중요성

영아가 주양육자에게 안아 달라고 팔을 벌리는 것은 시각적으로 주양육자를 구분할 수 있어야 가능한 행동이며, 이 시기 영아는 주양육자와 신체적, 언어적으로 다양한 형태의 상호작용을 함으로써 안정적인 애착관계를 형성해 나간다.

◎ 자료

없음

◎ 목표행동 성취를 위한 단계적 지도과정

step 1 주양육자는 영아에게 팔을 뻗어 "우리 ○○야, 이리 와."라고 말한 후 영아가 주양육자를 향해 두 팔을 뻗는지 관찰한다.

step 2 주양육자가 두 팔을 벌리지 않아도 영아가 먼저 주양육자의 눈을 맞추며 두 팔을 벌리며 안기려 하는지 살펴본다.

step 3 영아가 주양육자를 향해 두 팔을 벌리면 주양육자는 영아를 감싸 안아 주며 칭찬(예: 뽀뽀해 주기, 토닥여 주기, 얼굴/머리 만져 주기)해 준다.

◎ 일상생활에서의 지도과정

평상시에도 영아가 주양육자를 향해 팔을 벌리는지 살펴보고 이러한 행동이 지속적으로 나타날 수 있도록 칭찬(예: 언어적 반응, 뽀뽀해 주기, 토닥여 주기, 얼굴/머리 만져 주기) 해 준다.

◎ 고려사항

시각장애 영아의 경우는 영아가 주양육자의 목소리를 듣고 주양육자를 찾기 위해 손을 뻗는 등의 행동을 하는지 살펴본다.

◎ 목표행동 성취기준

일상생활에서 영아는 주양육자를 향해 나아가려는 행동(예: 두 팔 벌리기, 매달리기)을 하루 일과 중 최소 5회 이상 보인다.

9. 목표행동

소리를 내거나, 웃거나, 눈을 맞추거나, 몸짓으로 관심을 끌려고 노력한다.

◎ 목표행동 성취의 중요성

영아는 생리적 욕구(예: 배변, 수유)를 해소하기 위해서 또는 주양육자의 관심을 끌기 위해서 의도된 행동을 보이는데, 이러한 과정을 통해 영아는 자신이 주양육자의 관심을 받게 된다는 것을 알게 되고, 나아가 주양육자에게 신뢰감을 형성하고 친밀한 유대관계를 발전시킬 수 있다.

◎ 자료

영아용 놀잇감(예: 딸랑이, 촉감인형, 헝겊공), 영아용 매트, 영아용 의자, 책

◎ 목표행동 성취를 위한 단계적 지도과정

step 1 주양육자는 영아를 영아용 매트에 엎드려 눕혀 놓거나 영아용 의자에 앉혀 놓고 영아에게 친숙한 놀잇감(예: 딸랑이, 촉감인형, 헝겊공)을

준다.

step 2 주양육자는 영아와 떨어져 앉아(영아의 시선이 닿는 1m 이내의 위치) 다른 일(예: 독서, 집안일)을 하며 목표행동(예: 소리내기, 웃기, 눈 맞춤, 울기)이 관찰되는지 확인한다.

step 3 영아에게서 목표행동이 관찰되면 주양육자는 곧바로 관심(예: 안아 주기, 달래 주기 등의 친밀한 상호작용)을 나타낸다.

◎ 일상생활에서의 지도과정

영아에게서 목표행동이 관찰되면 주양육자는 즉각적으로 관심을 보이며 반응해 준다.

◎ 고려사항

주양육자는 영아가 울면 신속하게 반응하여 영아 혼자서 오랫동안 울고 있도록 하지 않으며, 영아를 혼자 두고 외출하는 것은 위험하므로 특히 주의한다.

시각장애 영아의 경우는 영아가 혼자 장시간 방치된 듯한 느낌을 갖지 않도록 해주고 보이지 않는 데서 오는 심리적 불안감이 가중되지 않도록 각별히 유의한다.

◎ 목표행동 성취기준

영아가 주양육자의 관심을 끌려고 하는 언어적(예: 소리내기, 울기), 비언어적(예: 몸짓, 기어오기, 안기려고 손뻗기) 행동을 하루 일과 중 최소 5회 이상 보인다.

10. 목표행동

즐거울 때는 웃고 지루하거나 심심할 때는 칭얼거리거나 우는 것과 같은 감정을 나타낸다.

◎ 목표행동 성취의 중요성

영아는 여러 가지 사회환경을 접하면서 자신의 정서를 인식하게 되지만 아직 자신의 감정을 표현할 수 있는 방법은 제한적이다. 따라서 주양육자는 영아의 감정에 민감하게 반응하여 영아의 다양한 정서 상태를 이해하고 이를 다양한 방법으로 표출할 수 있도록 해 주어야 하는데, 이는 초기의 안정적인 정서발달에 중요한 영향을 미친다.

◎ 자료

없음

◎ 목표행동 성취를 위한 단계적 지도과정

step 1 주양육자는 일상생활에서 영아가 기분 좋고 즐거워하는 상황(예: 주양육자와 상호작용을 하거나 놀이할 때)과 짜증을 내거나 우는 등 기분이 좋지 않은 상황(예: 배변, 수유, 수면 욕구가 있을 때)이 언제인지 세심하게 살펴본다.

step 2 주양육자는 영아가 행복한 미소를 짓거나 또는 기분 좋은 소리를 내면 같은 음조로 발성을 해 주고, 영아가 짜증을 내고 기분이 좋지 않으면(예: 칭얼거리기, 울기, 낑낑거리기) 영아의 상태를 살펴보고 부족한 욕구를 충족시켜 준다.

step 3 주양육자는 영아의 감정을 언어적으로 표현해 주며(예: "우리 ○○가 응가를 해서 기분이 안 좋구나. 엄마가 기저귀 갈아 줄게요."), 영아의 감정에 민감하게 반응하고 대처한다.

◦ 일상생활에서의 지도과정

주양육자는 영아의 소리에 항상 주의를 기울이고 어떤 소리를 내면 즉시 영아의 감정에 민감하게 반응하고 영아의 감정을 빨리 알아차려 그에 맞는 행동으로 대처한다(예: 배가 고파서 울 때는 우유 주기, 대소변을 보았을 때는 기저귀를 갈아 주기).

주양육자는 영아의 초기 언어적 의사소통(예: 쿠잉, 옹알이)과 비언어적 의사소통(예: 미소, 눈웃음, 몸짓 등) 모두 중요함을 인식해야 한다.

◦ 고려사항

영아가 나타내는 "쿠잉"이라는 소리는 영아의 목구멍이 울려서 나오는 소리로, 주로 기분이 좋을 때 웃음과 함께 나오는 언어적 반응이다. 또 다른 초기 언어적 반응인 옹알이는 영아의 신경근육이 발달하여 자신의 의도대로 음절로 구성하는 음성적 연습으로 볼 수 있다. 영아의 옹알이는 발성연습의 효과를 증진시키고 의사소통의 욕구를 자극시키는데 이는 언어발달의 시초가 된다. 영아가 이러한 초기 언어적 반응을 보였을 경우 주양육자는 함께 대화하여 영아의 반응이 촉진될 수 있도록 해 주어 영아의 언어 및 의사소통 발달에 도움을 주도록 한다.

장애영아의 경우는 영아의 표정(예: 찡그리기, 미소 짓기)으로 목표행동 성취 여부를 판단한다.

시각장애 영아의 경우는 시각적 정보 전달에 어려움이 있으므로 영아의 행동에 대해 주양육자가 더욱 적극적이고 즉각적인 반응을 보여 주도록 한다.

◦ 목표행동 성취기준

영아는 기분이 좋고 나쁜 상태를 초기 언어적 형태(예: 웃기, 울기, 칭얼거리기)로 표현하는 행동을 하루 일과 중 최소 5회 이상 보인다.

03 월령: 7~9개월

1. 목표행동

거울 앞에서 거울을 톡톡 두드리려고 팔을 뻗는다.

◎ 목표행동 성취의 중요성

자아인식의 발달은 다양한 인간관계 속에서 스스로를 긍정적으로 보고 자신감 있고 능동적인 인간으로 성장해 나가는 데 있어 매우 중요한 과제다. 이 시기의 영아는 거울 속에 비친 자기 모습의 움직임을 보며 자신의 신체를 스스로 움직일 수 있음을 인지하게 되는데 이를 통해 신체를 구체적으로 탐색하게 되고 자신이 다른 사람과 분리된 존재라는 것을 인지하게 된다. 이러한 경험은 영아 초기의 인지발달과 사회성 발달에 중요한 영향을 미친다.

◎ 자료

영아용 거울(예: 영아가 고개를 들었을 경우 볼 수 있게 벽면에 부착된 거울, 영아용 전신용 거울, 소리나 움직임을 지각할 수 있는 다목적용 영아의 놀이용 손거울)

◎ 목표행동 성취를 위한 단계적 지도과정

step 1 주양육자는 영아와 함께 거울 앞에 앉아서 영아가 거울에 비친 자기 모습을 보도록 유도한다.

step 2 주양육자는 영아의 주의를 끌기 위해 거울을 두드리거나 미소를 지으며 언어적 반응(예: "우리 ○○야, 여기를 봐.")으로 자극해 준다.

step 3 영아가 거울에 비친 자기 모습에 반응(예: 미소 짓기, 옹알거리기)을 보이지 않으면 영아의 시선을 집중시키기 위해 밝은색 모자를 씌워 준다거나 영아가 좋아하는 놀잇감(예: 동물 인형, 딸랑이)을 거울에 비춰 준다.

step 4 영아가 거울에 비친 자기 모습에 관심을 보이면 주양육자는 영아가 다양한 자세(예: 엎드리기, 옆으로 눕혀 놓기, 도움 받아서 앉기/서기)를 취할 수 있도록 하여 자신의 모습을 살펴볼 수 있게 해 준다.

step 5 주양육자는 영아와 언어적 상호작용("우리 ○○, 여기 있네!")을 하면서 영아가 거울을 향해 팔을 뻗는다거나 거울 쪽으로 움직이는지 관찰한다.

step 6 영아에게서 목표행동(예: 거울을 향해 팔 뻗기/움직임)이 관찰되지 않으면 주양육자는 영아의 손을 잡고 거울에 비친 모습 위에 놓으며 "우리 ○○, 어디 있나? 바로 여기 있네."라고 말하며 영아의 모습을 설명해 준다.

◎ 일상생활에서의 지도과정

거울을 활용하여 영아의 자아개념을 발달시키기 위해서는 영아가 평소 거울을 얼마나 자주 접했는지, 영아의 인지적 능력이 현재 어느 수준인지, 그리고 의미 있는 타인(주양육자 포함)과 얼마나 많은 사회적 접촉을 경험하였는지가 모두 중요하다. 따라서 주 양육자는 일상생활에서 수시로 영아와 함께 거울을 활용하여 상호작용을 시도하도록 한다. 거울에 비친 자기 모습을 통해 다양한 활동(예: 짝짜꿍 놀이, 까꿍놀이, 뽀뽀하기)을 시도해 본다.

거울뿐만 아니라 실루엣이 비칠 수 있는 물건(예: 밤 시간의 유리창/유리문, 꺼진 상태의 TV)을 통해 일상생활에서 영아가 자신의 모습 또는 그림자를 볼 수 있도록 해 준다.

영아와 주양육자의 상호작용 형태나 수준이 초기 영아의 자아개념 형성에 중요한 역할을 하므로, 주양육자는 영아 가까이에서 항상 미소 짓고 격려함으로써 영아가 안정감을 느낄 수 있도록 해 준다.

◎ 고려사항

거울은 영아와 주양육자의 모습이 모두 비치는 크기가 좋으며, 깨지지 않는 영아용 거울을 준비한다.

뇌성마비 영아의 경우는 바른 자세를 취하기 어려우므로 누운 상태에서 왼쪽이나 오른쪽 등 한쪽으로 치우친 자세로 거울을 볼 수 있게 한다. 이때 손을 뻗어 닿을 수 있는 위치에 거울을 놓고, 왼쪽과 오른쪽으로 번갈아 가며 방향을 제시한다. 또는 거울을 벽에 고정시킨 후 영아를 뒤에서 껴안듯이 앉아 주어 바른 자세로 앉힌 후에 거울을 보도록 한다.

시각장애 영아의 경우는 주양육자가 거울에 비친 영아의 모습을 간단하고 정확한 언어로 말해 준다. 잔존 시력이 있는 저시력 영아의 경우는 좀 더 가까운 거리에서 동일하게 지도하고 전혀 볼 수 없는 전맹영아의 경우는 주양육자가 영아의 손을 잡고 거울 또는 거울에 비친 모습을 위치에 따라 만지게 해 주며 설명해 준다(예: "여기에 ○○가 있네. 그리고 여기 ○○ 옆에는 엄마가 있구나."). 시각장애 영아가 브이지 않는다고 하여 거울을 회피하지 말고 거울의 기능과 촉감을 느끼며 관심을 가질 수 있도록 유도한다.

◦ 목표행동 성취기준

영아는 거울에 비친 자기 모습을 향해 팔을 뻗거나 나아가려는 행동을 하루 일과 중 최소 5회 이상 보인다.

2. 목표행동

한 명 또는 몇몇 특정 양육자에 대한 뚜렷한 선호를 나타낸다.

◦ 목표행동 성취의 중요성

영아는 친숙한 사람을 먼저 인식하면서 낯선 사람을 구별하게 되고 낯가림을 하게 된다. 친숙한 사람과 활발하게 상호작용을 하면서 주양육자에 대한 시각적인 인식을 먼저 하게 된다. 또한 놀라거나 우는 행동을 통하여 낯선 사람에 대한 거부와 두려움의 정서를 명확하게 표현한다. 이러한 활동은 외부인과 가족의 일원을 구분해 낼 수 있도록 하므로 영아의 생존과 적응에 필요한 본능적이고 정상적인 반응이며 안전과도 깊은 관련이 있다.

◎ 자료

없음

◎ 목표행동 성취를 위한 단계적 지도과정

- **step 1** 주양육자는 영아를 낯선 환경(예: 공원, 마트, 백화점)이나 낯선 사람(예: 평소 접촉이 적거나 없었던 친척 어른 또는 이웃)과 접할 수 있도록 한다.
- **step 2** 주양육자는 낯선 환경에서 낯선 사람을 접했을 때 영아의 반응(예: 얼굴 찡그리기, 뒤척이기, 웃지 않기, 울기, 주시하기, 조용해지기)을 살펴본다.
- **step 3** 영아를 낯선 사람에게 데려가거나 낯선 사람이 영아에게 다가올 때 목표행동이 나타나는지 살펴본다.
- **step 4** 주양육자는 영아가 일상생활에서 낯선 사람과 주양육자를 구분하여 특정 주양육자(예: 엄마, 아빠, 교사)에게 뚜렷한 선호행동(예: 웃거나 미소 짓기)을 보이는지 확인한다.

◎ 일상생활에서의 지도과정

가정에서는 가족 활동에 영아를 참여시킨다. 영아가 가족 구성원 모두와 눈 맞춤을 하도록 하고 또한 안아 주고 이야기하는 시간을 갖도록 한다.

집에 영아가 잘 모르는 사람(예: 친척, 주변 이웃, 가족의 친구)이 방문했을 때 보이는 영아의 표정을 잘 관찰하고 가족 구성원과 낯선 사람에게 보이는 얼굴 표정에 차이가 있는지 확인한다. 일반적으로 영아는 자신의 가족에게는 웃지만 낯선 사람에게는 호기심을 나타내는 태도를 보일 수 있다. 또한 놀이활동을 할 때 가족에게는 반가움을 표현하나 낯선 사람에게는 조용한 반응을 보이기도 하니 주의한다.

◎ 고려사항

영아가 외향적인 성향을 지니고 있으며 이미 여러 양육자를 경험했을 경우 낯선 사람에 대한 불안을 경험하지 않을 수도 있으나, 여러 사람에 대한 태도에서 차이가 나타나지 않고 불안해하지 않는다면 시각적인 인식과 관련된 지능 이상을 생각해 보아야 한다. 주양육자에 대한 시각적인 인식이 가능해야 낯선 사람에 대한 불안이 생기므로 아직 주양육자와 타인을 제대로 구별해 내는 초보적인 인식이 형성되지 않았을 수도 있다. 그러나 영아와 주양육자가 충분한 시간을 함께했는데도 8개월 전후로 낯가림이 전혀 생기지 않는다면 발달상의 이상 여부를 전문가로부터 진단받아 보는 것이 좋다.

시각장애 영아의 경우는 일과 속에서 시각적 단서가 아닌 청각적 단서인 주양육자의 음성에 영아가 어떻게 반응하는지 살펴본다.

◎ 목표행동 성취기준

영아는 낯선 사람과 구분지어 몇 명의 특정 양육자에 대해 웃기, 미소 짓기 등 뚜렷한 선호를 나타내는 행동을 하루 일과 중 최소 5회 이상 보인다.

3. 목표행동

주양육자가 영아가 보지 못하는 곳에서 영아를 불렀을 때 주양육자의 목소리가 나는 쪽으로 쳐다본다.

◎ 목표행동 성취의 중요성

영아는 주양육자의 목소리를 인지하게 되면서, 주양육자의 목소리가 들리면 비언어적(예: 미소짓기/웃기), 언어적(예: 옹알거리기)으로 반응한다. 이러한 경험을 하면서 영아는 주양육자와 떨어져 있어도 목소리로 주양육자의 존재를 확인할 수 있으며, 이를 통해 안정감을 가지고 주양육자와 영아 사이의 신뢰감을 형성하여 정서적 유대관계를 맺을 수 있다.

◎ 자료

없음

◎ 목표행동 성취를 위한 단계적 지도과정

step 1 주양육자는 영아와 함께 앉아 주양육자의 목소리를 들려주며 친숙한 분위기를 조성한다.

step 2 주양육자는 영아의 뒤편에 앉아 영아의 이름을 불러 주며(예: "우리 ○○, 엄마 어디 있니?") 영아가 주양육자의 목소리에 관심을 가지고 시선을 마주칠 수 있도록 유도한다.

step 3 영아와 시선을 마주할 수 없는 위치로 이동하여 주양육자의 목소리(예: "우리 ○○, 엄마 어디 있니?")를 들려준 후 영아의 행동(예: 목소리가 들린 곳을 향해 고개 돌리기, 기어가기, 옹알거리기)을 관찰한다.

step 4 영아가 어떠한 반응도 보이지 않으면 주양육자의 목소리를 2~3차례 더 들려준 후 영아의 반응을 살펴본다.

step 5 영아가 목표행동을 성취하였을 경우 주양육자는 영아와 시선을 마주칠 수 있는 장소로 이동하여 언어적 상호작용(예: "까꿍, 엄마 여기 있네." "엄마 찾았네.")을 한다. 이때 영아에게 비언어적 행동(예: 영아를 높이 들어 안아 주기)을 하여 영아의 행동을 강화시켜 준다.

◎ 일상생활에서의 지도과정

영아가 목표행동을 성취한 경우에는 즉시 주양육자의 위치와 존재를 알려 주고 상호작용을 해 줌으로써 안정을 찾을 수 있도록 한다.

여러 가지 감각적인 자극(예: 영아에게 평소 친숙한 동요를 불러 주면서 엄마의 노랫소리가 나는 쪽으로 영아의 관심 유도하기, 딸랑이 등을 사용하여 소리자극을 함께 제시하여 영아의 이름 불러 주기)을 제공하여 감각적인 경험과 운동적인 경험을 접할 수 있도록 한다.

◎ 고려사항

청각장애 영아의 경우는 청력이 미약하여 소리를 인지하지 못하므로 주양육자의 모습이 보이도록 하여 시각적 암시(예: 몸짓, 얼굴 표정)를 준다. 가까운 거리에서 손뼉을 치거나 큰 소리를 동반하여 소리자극을 함께 제시한다.

시각장애 영아의 경우는 영아의 등 쪽에서 영아의 이름을 불러 주고 평가한다.

◎ 목표행동 성취기준

영아는 주양육자를 볼 수 없는 위치에서 주양육자가 영아의 이름을 2~3차례 불렀을 때 목소리가 들린 곳을 향해 고개 돌리기, 옹알거리기, 기어가기, 팔 뻗기 등의 반응을 나타내는 행동을 10회 시도 중 최소 8회 이상 보인다.

4. 목표행동

한 명 이상의 친숙한 사람의 목소리가 나면 쳐다보면서 웃거나 기어간다.

◎ 목표행동 성취의 중요성

영아는 주양육자를 포함하여 자주 접했던 친숙한 사람들의 목소리를 인지하여 비언어적(예: 미소 짓기, 웃기, 기어가기), 언어적(예: 옹알거리기)으로 반응한다. 이와 같은 친숙한 사람들과의 활발한 상호작용을 통해 영아의 청각적 · 시각적 인식 능력이 향상되고, 친숙한 사람들과의 유대 관계가 깊어질 수 있다.

◎ 자료

없음

◎ 목표행동 성취를 위한 단계적 지도과정

step 1 주양육자는 일상생활(예: 수유, 옷 입을 때)에서 영아의 이름을 불러 주며 언어적 상호작용(예: "○○야, 맘마 먹자." "우리 ○○, 옷 여기 있네.")을 한다.

step 2 주양육자는 사전에 언어적 상호작용(예: "○○야, 맘마 먹자." "우리 ○○, 옷 여기 있네.")을 충분히 해 준 후 영아의 이름을 불러 보고 반응(예: 쳐다보기, 웃기, 기어가기)을 관찰한다.

step 3 영아가 어떠한 반응도 보이지 않으면 2~3차례 영아의 이름을 들려준 후 영아의 반응을 살펴본다.

step 4 영아가 목표행동(예: 목소리가 들린 곳을 향해 고개 돌리기, 기어가기)을 성취하면 주양육자는 언어적 칭찬(예: "우리 ○○, 여기 있구나." "우리 ○○ 잘했네.")과 비언어적 칭찬(예: 안아 주기, 만져 주기, 웃어 주기)을 해 준다.

◎ 일상생활에서의 지도과정

평상시에도 이름 부르기, 목소리 들려주기 등의 상호작용을 통해 언어적인 경험을 지속적으로 제공해 준다.

◎ 고려사항

영아가 주양육자 또는 친숙한 사람의 목소리에 반응하지 않으면 영아가 좋아하는 소리 나는 놀잇감(예: 딸랑이, 영아용 멜로디 피아노)의 소리와 함께 들려준다.

영아가 기어 다닐 때 위험한 물건이 없도록 바닥에 있는 위험물은 미리 치워 둔다.

지체장애 영아의 경우는 기는 것이 어려우므로 굴러가거나 배밀이 등 수행 가능한 다른 이동 수단을 이용하여 친숙한 사람에게로 이동해 가도록 한다.

청각장애 영아의 경우는 주양육자의 시각적인 암시(예: 몸짓과 얼굴 표정)를 이용하여 지도한다.

시각장애 영아의 경우는 처음에는 영아 가까이에서 이름을 불러 주고 반응을 보이면 조금씩 뒤로 물러나면서 이름을 부르고 영아의 반응을 살핀다.

◎ 목표행동 성취기준

영아는 한 명 이상의 친숙한 사람의 목소리를 2~3차례 들려주면 쳐다보기, 웃기, 기어가기 등의 반응 행동을 하루 일과 중 최소 5회 이상 보인다.

5. 목표행동

주양육자와 분리 시 분리불안을 나타낸다.

◎ 목표행동 성취의 중요성

분리불안은 영아가 애착을 갖고 있는 대상과 떨어지는 것에 대해 심하게 불안해하는 증상을 말한다. 영아기에 나타나는 분리불안은 정상적인 반응으로서 본능적이고 생존에 필수적인 불안반응이라 할 수 있다. 영아는 주양육자와 분리되는 데 오랜 시간이 걸리며 그 과정과 방법이 영아의 개별적인 발달 차이와 수준에 따라 달라진다. 주양육자는 영아의 분리불안을 최소화하기 위해 분리되는 과정을 점진적으로 진행해 나감으로써 영아와 안정적인 애착관계를 형성하는 것이 중요하다.

◎ 자료

영아에게 친숙한 놀잇감(예: 헝겊책, 동물인형, 마라카스)

◎ 목표행동 성취를 위한 단계적 지도과정

step 1 주양육자는 영아가 좋아하는 다양한 놀잇감(예: 촉감책, 동물 인형, 마라카스)을 주위에 놓아 주고 영아와 같은 장소에 있되 영아가 5분 정도 혼자 놀 수 있도록 해 준다.

step 2 영아가 놀이에 집중할 수 있도록 하고 주양육자는 다른 장소로 이동한 후 영아의 반응(예: 울기, 칭얼거리기, 몸을 떨고 바동거리기)을 살펴본다.

step 3 영아가 목표행동을 성취했을 경우 주양육자의 목소리를 들려주거나 영아가 안정을 되찾을 수 있도록 안아 주도록 한다. 영아가 주양육자와 다시 만나게 되었을 때 반갑게 주양육자를 맞이하고 아동이 접근이나 접촉을 유지하려는 행동을 보이는지 세심하게 관찰한다.

◦ 일상생활에서의 지도과정

안정애착을 형성한 영아는 주양육자와 분리되어 낯선 상황에서 주변을 탐색하려는 행동을 나타낸다. 주양육자와 재결합한 후에는 안정을 찾으며 신체 접촉 등의 긍정적인 행동을 보인다. 이는 영아에게 주양육자의 존재가 안전의 기반이 되어 영아와 주양육자 사이에 안정적인 애착이 형성되었음을 의미한다.

◦ 고려사항

시각장애 영아의 경우는 step 1에서 주양육자가 간헐적으로 소리를 내 주어 영아가 주양육자와 자신이 같은 장소에 있음을 알도록 하여 영아의 불안을 줄여준다.

◦ 목표행동 성취기준

영아는 주양육자와 떨어질 때 울거나 칭얼대는 행동을 10회 중 최소 8회 이상 보인다.

6. 목표행동

어떤 행동을 했을 때, 다른 사람이 웃으면서 좋아하면 계속 그 행동을 반복한다.

◦ 목표행동 성취의 중요성

영아는 신체적으로 성숙하여 스스로 주위를 탐색할 수 있게 되면서 자신의 의지에 따라 행동하게 된다. 영아는 이러한 능동적인 행동에 대해 주양육자로부터 격려와 칭찬을 받게 되면서 점차 자율성을 획득하게 된다. 이는 주위 사람이 영아가 나타내는 행동에 긍정적인 반응을 보이고 인정해 주게 됨에 따라 영아 스스로

도 자신의 능력을 인식하게 되어 긍정적인 자아개념을 형성하는 데 중요한 역할을 한다.

◎ 자료

모자, 동요(예: '동물놀이')

◎ 목표행동 성취를 위한 단계적 지도과정

step 1 주양육자는 영아가 어떠한 행동(예: 모자 벗기, 동요에 맞춰 춤추기, 까꿍/짝짜꿍 놀이)을 했을 때 자연스럽게 웃어 준다. 이때 언어적 자극(예: "우리 ○○가 짝짜꿍 했어요. 잘하네.") 또는 비언어적 자극(예: 안아 주거나 박수 치기)을 해 주어 영아의 행동을 강화시킨다.

step 2 주양육자는 영아의 행동(예: 모자 벗기, 동요에 맞춰 춤추기, 까꿍/짝짜꿍 놀이)에 웃음으로 반응을 보여 준 후 영아가 그 행동(예: 모자 벗기, 동요에 맞춰 춤추기, 까꿍/짝짜꿍 놀이)을 반복하는지 살펴본다.

step 3 영아가 목표행동을 반복하면 주양육자는 크게 웃어 주고 박수를 쳐 주며 영아의 행동을 격려한다.

step 4 영아가 행동을 반복하지 않으면 영아가 취한 행동(예: 모자 벗기, 동요에 맞춰 춤추기, 까꿍/짝짜꿍 놀이)을 주양육자가 모방하여 그 활동을 되풀이할 수 있도록 도움을 준다.

◎ 일상생활에서의 지도과정

영아가 새로운 단어를 말하거나, 새로운 몸짓 또는 기술(예: 블록 넣기와 빼기)을 보일 때, 주양육자는 관심을 가지고 격려하여, 영아가 반복하여 성취할 수 있도록 한다.

◎ 고려사항

지체장애 영아의 경우는 정확한 신체활동이 어려우므로 영아가 어떠한 행동을 하였을 때 비슷한 흉내만 내더라도 칭찬을 해 주어 영아가 많은 실패 경험으로 인해 무기력에 빠지지 않도록 주의한다.

시각장애 영아의 경우는 주양육자가 일과 속에서 영아가 하고 있는 행동을 자세히 설명해 주며(예: "○○가 모자를 벗었구나. 와, 혼자서도 잘 벗네." "○○가 짝짜꿍 손뼉을 치는구나. 와, 정말 잘한다.") 칭찬해 주고 반복적인 행동이 나타나는지 관찰한다.

◎ 목표행동 성취기준

주양육자가 영아의 행동(예: 모자 쓰고 벗기, 동요에 맞춰 춤추기, 까꿍/짝짜꿍 놀이)에 과장되게 웃어 주고 격려해 주면 영아는 같은 행동을 반복하는 모습을 하루 일과 중 최소 5회 이상 보인다.

04 월령: 10~12개월

1. 목표행동

손을 내밀어 영아에게 장난감/물건을 달라고 하면, 장난감/물건을 놓지는 않더라도 주려고 한다.

◎ 목표행동 성취의 중요성

이 시기의 영아는 자신의 손에 쥐고 있던 물건을 내려놓는 동작이 신체적으로는 가능하지만 아직 사회적으로는 준비가 되어 있지 않은 단계이므로 손에 있는 물건을 보여 주기는 하지만 놓지는 않으려고 한다. 영아는 사회적인 관계 속에서 놀잇감을 주고받는 것에 대한 인식이 부족하기 때문에 손에서 놓지 않으려고 하는 것인데, 주양육자는 건네주기, 공유하기, 나누기 등의 행동을 지속적으로 보여 주고 모방하도록 하여 아동이 초기 친사회성을 형성할 수 있도록 해야 한다.

◎ 자료

영아에게 친숙한 놀잇감(예: 헝겊블록, 헝겊책, 딸랑이, 동물 인형, 마라카스) 또는 음식(간식)

◎ 목표행동 성취를 위한 단계적 지도과정

step 1 영아가 친숙한 놀잇감을 가지고 놀고 있을 때, 또는 음식을 먹고 있을 때 영아의 손이 상대를 향하게 유도하며 놀잇감이나 음식을 보여 주거나 건네줄 수 있는지 관찰한다. 이는 주로 영아와 상호작용을 하는 주양육자가 아닌 영아와 친숙한 사람(예: 아빠, 조모)가 실시하도록 한다.

step 2 영아가 친숙한 사람에게 놀잇감 또는 음식을 보여 주면 흥미(예: 마라카스를 흔들며 놀고 있을 때 "어머, 소리가 나네. 한번 볼까?")를 나타내고 손을 내민다. 또는 영아가 갖고 있는 비슷한 놀잇감이나 음식을 갖고 "주세요." "바꿔 보자." 와 같이 말하며 건네줄 수 있도록 행동을 유도한 후 영아의 반응(놀잇감이나 간식 건네주기)을 관찰한다.

◎ 일상생활에서의 지도과정

일상생활에서 주양육자가 영아에게 자신의 음식(예: 영아의 한입에 들어갈 만한 크기의 키위, 바나나 등의 부드러운 과일 조각)을 나누어 먹여 주며 영아도 자연스럽게 주양육자의 행동을 모방하여 공유하기 경험을 접하도록 한다. 영아가 이러한 행동을 지속적으로 모방하여 습득할 수 있도록 도움을 준다.

영아 자신의 물건, 음식과 비슷한 것, 혹은 다른 것을 바꿔 보는 경험을 통하여 자신이 가진 하나만을 고집하는 것이 아니라 다른 것도 있다는 것을 영아가 알도록 지도할 수 있다.

◎ 고려사항

영아가 놀잇감을 건네주지 않더라도 억지로 빼앗거나 목표행동(예: 놀잇감 보여주기, 건네주기)을 강압적으로 요구하지 않는다. 영아의 행동을 존중해 주고 목표행동이 자연스러운 상황에서 나타날 수 있도록 기다려 준다.

영아가 놀잇감을 건네주면 놀잇감을 여러 번 주고받으며 상호작용을 한다. 주고받기 놀이를 할 때 처음에는 놀잇감을 영아에게 재빨리 건네주고 항상 영아의 시야에 놀잇감을 둔다.

지체장애 영아의 경우는 놀잇감을 잡기가 어려우므로 잔존 신체 기능을 활용하여 놀잇감을 갖도록 하거나(예: 고개로 놀잇감을 누르고 있거나 입으로 물고 있기), 놀잇감을 손에 쥐어 주고 찍찍이로 묶어 놀잇감을 놓치지 않도록 한다. 그런 후에 손으로 건네주는 활동을 하도록 한다.

◎ 목표행동 성취기준

영아가 물건을 건네도록 유도하였을 때 영아는 물건을 손에서 놓지 않더라도 상대를 향해 팔을 뻗는다거나 건네주려는 행동을 10회 시도 중 최소 8회 이상 보인다.

2. 목표행동

사람 인형이나 동물 인형을 안아 주거나 쓰다듬고 뽀뽀하면서 애정 표현을 나타낸다.

◎ 목표행동 성취의 중요성

영아는 의인화가 될 수 있는 놀잇감(예: 사람 인형, 동물 인형)에 대해 평소에 자신이 받았던 애정 표현을 모방하여 나타내게 되는데 이러한 감정인식과 정서 표현의 경험을 통해 긍정적인 정서발달을 형성할 수 있다. 영아가 적절한 정서인식과 정서표출 방법을 습득할 수 있도록 주양육자가 영아에게 안정적으로 애정을 표현하여 모방하게 하는 것이 영아의 사회정서발달에 중요한 영향을 미친다.

◎ 자료

영아가 좋아하는(친숙한) 놀잇감(예: 사람 인형, 동물 인형)

◎ 목표행동 성취를 위한 단계적 지도과정

step 1 주양육자는 영아가 좋아하는 사람 인형 또는 동물 인형과 놀이를 할 때 놀잇감을 안아 주거나 애정 표현(예: 뽀뽀하기, 어루만지기, 볼맞춤)을 하는지 주의 깊게 살펴본다.

step 2 영아가 인형에게 애정 표현을 하지 않을 경우 주양육자가 먼저 사람 인형이나 동물 인형과 놀이를 하며 애정 표현을 나타내고 영아에게도 같은 행동을 할 수 있도록 언어적으로 유도(예: "우리 ○○, 예쁘다." "인형도 예쁘다고 해 줄까?" "뽀뽀해 주자.")해 본다.

step 3 영아가 주양육자의 행동을 모방하였을 경우 영아를 칭찬해 주며 영아에게도 따뜻한 애정 표현을 해 준다. 주양육자의 유도 행동을 점차 줄여 나가며 영아가 능동적으로 사람 인형, 동물 인형에 애정 표현을 나타내는지 관찰해 본다.

◎ 일상생활에서의 지도과정

주양육자는 영아가 특별히 좋아하는 인형이나 놀잇감을 활용하여 다양한 애정 표현 행동(예: 안기, 두드리기, 엉덩이 토닥거리기, 머리 쓰다듬기, 얼굴 건드리기, 뽀뽀하기, 어루만지기)을 보여 주고, 언어적 표현도 함께 하여 영아가 자연스러운 애정 표현방법을 모방할 수 있도록 해 준다.

주양육자는 영아가 놀잇감뿐만 아니라 친숙한 사람(예: 주양육자, 부모, 조모)에게도 애정 표현을 나타낼 수 있도록 지속적으로 상호작용을 해 주어야 한다. 일상생활에서 주양육자는 영아에게 애정 표현을 해 줌으로써 영아 스스로 자신이 아낌없는 사랑을 받고 있음을 항상 인식하도록 해 준다.

가족마다 다양한 문화를 지니고 있으므로 가족 전체가 선호하는 표현 방식으로 사랑을 주고받을 수 있도록 해 주며, 모방과 경험을 통해 습득할 수 있도록 일상생활에서 자연스럽게 보여 주는 것이 중요하다.

◎ 고려사항

영아가 놀잇감(예: 사람 인형, 동물 인형)에 거부반응을 보이는 경우 놀잇감 대신 주양육자로 목표행동 대상을 변경하여 지도과정을 수행할 수 있다.

지체장애 영아의 경우는 잡기가 어려우므로 양손에 껴안을 수 있도록 크기가 큰 사람 인형이나 동물 인형을 주도록 한다.

시각장애 영아의 경우도 동일하며, 이때 영아가 좋아하는 놀잇감으로 시작하는 것이 더욱 효과적이다. 영아가 애정 표현을 거부할 경우 영아의 신체 부위에 닿는 놀잇감의 촉감이 영아가 싫어하는 것이거나 거친 부분이 있는 것은 아닌지 살펴본다.

◎ 목표행동 성취기준

영아는 놀이 활동 시 놀잇감(예: 사람 인형, 동물 인형) 또는 주양육자에게 자연스럽게 애정 표현(예: 뽀뽀하기, 토닥여 주기, 볼맞춤, 쓰다듬기, 안아 주기)을 하거나 주양육자가 선행했을 경우 같은 행동을 모방하는 모습을 하루 일과 중 최소 5회 이상 보인다.

3. 목표행동

주양육자가 다른 영아를 안고 있으면 주양육자 쪽으로 손을 내밀거나 울면서 샘을 낸다.

◎ 목표행동 성취의 중요성

영아의 정서는 미분화된 기본적인 상태에서 점차 분화되어 이 시기의 영아는 샘을 내는 것과 같은 정서 상태를 경험하고 표현하게 된다. 다른 대상에 대해 샘을 내는 행동은 주양육자로부터 관심과 애정을 받고 싶어 하는 영아의 욕구가 표현된 것이며, 이는 자신과 정서적 유대관계를 맺은 주양육자에 대한 지각에서 비롯되는 정서의 한 형태로서 영아의 정서발달에서 중요한 의미를 가진다.

◎ 자료

영아와 비슷한 월령대의 다른 영아 1명

◎ 목표행동 성취를 위한 단계적 지도과정

step 1 영아를 바닥에 앉혀 놓거나 다른 놀이를 할 수 있도록 유도하고 주양육자는 영아와 비슷한 또래의 다른 영아를 안고 있거나 상호작용(예: 함께 헝겊책 보기, 촉감공놀이)을 해 주며 영아의 행동을 살펴본다.

step 2 영아가 하던 놀이나 행동을 멈추고 다른 영아를 안고 있는 주양육자를 향해 기어오거나 손을 내밀거나 울며 떼쓰는 행동이 관찰되는지 혹은 다른 영아에게 공격적인 행동을 보이는지 확인한다.

step 3 목표행동(예: 기어오기, 손 내밀기, 울기, 떼쓰기, 공격적인 행동)이 나타나지 않을 경우 주양육자는 다른 영아에게 더 친밀하게 상호작용(예: 뽀뽀해 주기, 볼맞춤)을 해 주며 이를 대상 영아에게 과시하여 나타낸다.

step 4 영아에게서 목표행동이 나타났을 경우 영아도 함께 놀이에 참여하게 하고 따뜻하게 감싸 안아 주며 애정 표현을 해 준다.

◎ 일상생활에서의 지도과정

주양육자는 평소에 영아가 나타내는 모든 행동에 민감하고 수용적으로 반응해 주어야 하며, 영아가 주양육자에게 쉽게 접근할 수 있도록 해 준다.

◎ 고려사항

일반적으로 영아는 친밀한 상호작용을 많이 나눈 주양육자의 관심과 사랑을 독차지하고 싶어 한다. 그러나 주양육자가 다른 영아를 안고 있어도 영아가 전혀 샘을 내지 않는다면 이는 영아가 주양육자에게 안정적인 애착을 형성하지 못했기 때문일 수 있다. 이 경우 영아가 낯선 상황에서도 주양육자에게 접근하거나 접촉

하지 않는지 살펴보고, 주양육자의 양육태도를 점검해 보도록 한다.

시각장애 영아의 경우는 다른 영아와 소리 나는 놀잇감을 이용하여 함께 놀이를 하거나 상호작용하는 모습을 생생하게 이야기해 주면서 활동을 전개하고 목표행동(예: 소리 나는 곳을 향해 손 내밀기, 칭얼거리기)이 나타나는지 살펴본다.

이 시기의 영아는 주양육자와 안정적인 애착관계가 형성되어 있으면 주양육자가 자신 이외의 다른 영아에게 뽀뽀, 안아 주기 등 애정 표현을 할 경우, 곧 자신의 놀이 활동을 그만두고 짜증을 내며 울게 되므로, 너무 자주 이와 같은 행동을 함으로써 영아가 불안감을 느끼지 않도록 주의한다.

◎ 목표행동 성취기준

주양육자가 다른 영아를 안고 있거나 상호작용을 해 주면 영아는 주양육자를 향해 기어오거나 손 내밀기, 울며 떼쓰는 등의 질투심이 드러나는 행동 혹은 공격적인 행동을 10회 시도 중 최소 8회 이상 보인다.

4. 목표행동

성인이나 더 나이 많은 영아와 까꿍놀이나 짝짜꿍놀이 하는 것을 좋아한다.

◎ 목표행동 성취의 중요성

까꿍놀이는 자신의 행동과 그에 따라 오는 행동의 결과를 알 수 있는 기회가 되며, 놀이의 반복을 통해 타인과 긍정적인 사회적 상호작용을 할 수 있다는 점에서 중요하다. 또한 까꿍놀이는 심리적으로 눈앞에 사물이 보이지 않는다고 해서 사물이 없어지는 것이 아니라는 것(대상영속성)을 알게 해 주는데, 이는 영아가 주양육자와 애착관계를 형성한 이후 주양육자가 시야에 보이지 않아도 늘 함께 있다는 것을 알고 불안을 느끼지 않도록 하는 중요한 과정이다. 이 시기의 영아는 연령이 비슷한 또래보다 성인이나 나이가 더 많은 영아와 같이 자신이 의존할 수 있고 놀이 형태가 한층 더 정교한 대상과의 상호작용을 선호하고 모방하며 이를 통해 발전된 놀이 형태를 습득해 나가게 된다.

◎ 자료

천이나 헝겊, 영아용 놀잇감(예: 딸랑이, 촉감인형, 헝겊공), 나이가 더 많은 영아와 성인

◎ 목표행동 성취를 위한 단계적 지도과정

step 1 주양육자는 영아와 함께 손뼉을 치며 "짝짜꿍~짝짜꿍~" 하며 언어적인 상호작용을 해 준다. 영아가 짝짜꿍놀이를 즐기게 되면 영아의 손을 놓아 주고 스스로 해 볼 수 있도록 격려한다.

step 2 영아의 주위에 또래집단의 영아, 나이가 더 많은 영아, 성인을 앉혀 놓고 까꿍놀이와 짝짜꿍놀이를 하며 어느 상대와 상호작용을 지속적으로 해 나가는지 살펴본다.

step 3 영아가 성인이나 나이가 더 많은 영아와 놀이를 지속하였을 때 까꿍놀이와 짝짜꿍놀이가 더욱 정교한 형태로 발전(예: 리듬 익히며 짝짜꿍놀이 하기, 음악에 맞추어 까꿍놀이 하기)될 수 있도록 지도한다.

◎ 일상생활에서의 지도과정

영아가 음식을 깨끗이 다 먹거나 착한 일을 했을 때 손뼉을 치며 칭찬해 주고 일상생활에서 주양육자를 모방하여 짝짜꿍놀이를 자연스럽게 할 수 있도록 유도한다. 이와 같이 손 또는 신체를 이용한 놀이는 영아의 오감발달에 중요한 영향을 미친다.

사람이나 사물 뒤에 숨어서 까꿍놀이를 하며 영아가 자발적으로 움직여 활발히 이동할 수 있도록 한다. 사람이나 사물 뒤, 신문지나 헝겊 뒤에 숨어서 까꿍놀이를 할 경우, 주양육자는 영아의 표정이나 행동을 관찰하여 너무 오랜 시간 영아가 혼자 있게 되거나, 주양육자의 부재시간이 길어져서 불안감을 느끼지 않도록 주의한다.

까꿍놀이를 통해 다양한 얼굴 표정을 보여 주면 초기 영아의 정서발달과 표현법에 도움이 된다.

◎ 고려사항

활동 시 주양육자는 영아의 시선을 맞추도록 한다.

장애영아의 경우는 영아보다 놀이 수준이 높은 상대를 선정하여 지도과정을 전개한다.

뇌성마비 영아의 경우는 짝짜꿍이 어려울 수 있으므로 양손으로 바닥이나 벽과 같이 고정된 면을 치는 연습을 먼저 한다. 기어가기가 어려운 영아의 경우는 잔존 신체 능력을 고려하여 굴러가거나 배밀이 등 수행 가능한 다른 이동 수단을 이용하여 친숙한 사람에게로 이동해 가도록 한다.

시각장애 영아의 경우는 까꿍놀이를 할 때 주양육자가 영아의 손으로 주양육자의 눈을 가리게 한 후 "까꿍" 소리와 함께 영아의 손을 떼어 내는 동작을 연습한다. 그 후에 주양육자의 손으로 영아의 눈을 가렸다가 떼면서 "까꿍" 하며 모델링을 해 준다. 짝짜꿍 놀이 또한 주양육자가 영아의 손을 잡고 놀이하거나 영아가 손뼉을 칠 때 자연스럽게 짝짜꿍 놀이로 전환해 주어도 좋다.

◎ 목표행동 성취기준

영아는 주양육자가 까꿍놀이나 짝짜꿍놀이를 시도하면, 즐거워하며 놀이에 참여하는 행동을 하루 일과 중 최소 5회 이상 보인다.

5. 목표행동

또래 영아에게 관심을 나타낸다.

◎ 목표행동 성취의 중요성

영아는 또래에게 미소, 만지기, 다가가기 등의 다양한 형태의 반응을 나타내는데, 이는 크기와 모양에서 자신과 유사하지만 낯선 또래를 인식하고 특별한 관심을 나타내는 것이다. 이러한 경험은 긍정적인 또래관계 발달의 기초가 되어 영아의 사회성 발달에 중요한 역할을 하며, 인지발달과도 깊은 관련이 있다.

◎ 자료

없음

목표행동 성취를 위한 단계적 지도과정

step 1 주양육자는 다른 영아들이 모여 있는 곳(예: 동네 이웃, 친척, 모임자리)으로 영아를 데려간다. 영아가 다른 영아의 활동을 주의 깊게 쳐다보는지 혹은 또래 영아를 향해 반응(예: 손짓하기, 소리내기, 눈 마주침, 만지기, 웃기)을 보이는지 관찰한다.

step 2 영아가 목표행동을 보이면 주양육자는 다른 영아가 하는 행동을 영아에게 이야기해 준다(예: 놀이 상황 시 "다른 친구들이 놀이를 하고 있네. 재미있겠다. 우리도 같이 해 볼까?").

step 3 주양육자는 다른 영아가 있는 곳으로 영아와 함께 접근하여 자연스럽게 놀이를 관찰하거나 참여하도록 유도하며, 영아가 또래 영아와 함께 점차 어울릴 수 있도록 도움을 준다.

일상생활에서의 지도과정

주양육자는 영아를 다른 영아와 함께 할 수 있는 공간에 자주 데려가도록 한다. 영아는 집중시간이 짧으므로 처음에는 또래 영아와 어울리는 시간을 짧게 잡고 점차 시간을 늘려 나간다.

고려사항

낯선 상황과 낯선 사람에 대해 심한 거부반응을 보이는 영아는 또래에게 접근할 때도 어려워하는 경우가 있다. 영아가 또래에게 접근하는 것에 대해 심하게 울며 떼쓰는 경우 강압적으로 접근을 시도하지 말고 영아의 반응을 수용해 주며 안정을 찾을 수 있도록 시간을 가진 후 재시도하는 것이 좋다. 재시도 후에도 거부반응을 보인다면 또래와 거리를 두고 멀리서나마 다른 영아의 모습과 행동을 관찰할 수 있도록 한다. 시간을 두고 점차적으로 또래에 대한 접근을 좁혀 친근감을 가질 수 있도록 하는 과정이 필요하다.

개별 영아마다 발달 차이가 존재하므로 한꺼번에 많은 반응이 나타나기를 기대하기보다는 시간을 두고 사회관계를 맺는 것과 관련된 기술이 발달될 수 있도록 한다.

시각장애 영아의 경우는 다른 영아의 목소리가 들리거나 손을 만지는 등의 신체 접촉이 있을 때, 관심을 가지는지 살펴본다.

◎ 목표행동 성취기준

영아가 다른 영아와 마주했을 때, 다른 영아의 행동을 주의 깊게 살피기, 손짓하기, 소리내기, 눈 맞춤 등 한 가지 이상의 반응을 통해 관심을 표현하는 행동을 일주일 동안 5회 이상 보인다.

6. 목표행동

낯선 사람 앞에서 수줍어한다.

◎ 목표행동 성취의 중요성

영아는 친숙한 사람을 먼저 인식하면서 낯선 사람을 구별하게 되고 낯가림을 하게 된다. 친숙한 사람과 활발하게 상호작용을 하면서 주양육자에 대한 시각적인 인식을 먼저 하게 된다. 또한 놀라거나 우는 행동을 통하여 낯선 사람에 대한 거부와 두려움의 정서를 명확하게 표현한다. 이러한 활동은 외부인과 가족의 일원을 구분해 낼 수 있도록 하므로 영아의 생존과 적응에 필요한 본능적이고 정상적인 반응이며 안전과도 깊은 관련이 있다.

◎ 자료

없음

◎ 목표행동 성취를 위한 단계적 지도과정

step 1 영아가 낯선 사람과 마주했을 때 가까이 접근하지 못하거나 주양육자에게 더욱 강도 높게 안기며 떨어지지 않으려는 행동을 나타내는지 살펴본다.

step 2 영아에게서 낯선 사람을 수줍어하는 행동(가까이 접근하지 못하거나 주양육자에게서 떨어지지 않으려 함)이 나타났을 경우 영아에게 낯선 사람에 대해 소개하고 놀이(예: 헝겊블록 쌓기, 촉감책 보기)를 함께 하며 점차 친숙해질 수 있도록 분위기를 유도한다.

◎ 일상생활에서의 지도과정

가정에서는 가족 활동에 영아를 참여시킨다. 영아가 가족 구성원 모두와 눈 맞춤을 하도록 하고 안아 주고 이야기하는 시간을 갖도록 한다.

집에 영아가 잘 모르는 사람(예: 친척, 주변 이웃, 가족의 친구)이 방문했을 때 보이는 표정을 잘 관찰하고 가족 구성원과 낯선 사람에게 보이는 얼굴 표정에 차이가 있는지 확인한다. 예를 들면, 가족에게는 웃지만 낯선 사람에게는 호기심을 나타내는 태도를 보일 수 있다. 또한 놀이활동을 할 때 가족에게는 반가움을 표현하나 낯선 사람에게는 조용한 반응을 보이기도 한다.

◎ 고려사항

영아가 외향적인 성향을 지니고 있으며 이미 여러 양육자를 경험했을 경우 낯선 사람에 대한 불안을 경험하지 않을 수도 있으나, 여러 사람에 대한 태도에서 차이가 나타나지 않고 불안해하지 않는다면 시각적인 인식과 관련된 지능 이상을 생각해 보아야 한다.

주양육자에 대한 시각적인 인식이 가능해야 낯선 사람에 대한 불안이 생기는데 아직 주양육자와 타인을 제대로 구별해 내는 초보적인 인식이 형성되지 않았을 가능성이 있다. 그러나 영아와 주양육자가 충분한 시간을 함께했는데도 8개월 전후로 낯가림이 전혀 생기지 않는다면 발달상의 이상 여부를 전문가로부터 진단받아 보도록 한다.

시각장애 영아의 경우는 낯선 사람이 말을 걸며 다가오거나 손등을 만지려 할 때 수줍어하는지 살펴본다.

◎ 목표행동 성취기준

영아가 낯선 사람 앞에서 가까이 접근하지 못하거나 주양육자에게 더욱 안기며 떨어지지 않으려 하는 등의 수줍어하는 행동을 일주일 동안 최소 5회 이상 보인다.

7. 목표행동

이전에 무서워하지 않았던 것을 무서워한다.

◎ 목표행동 성취의 중요성

이 시기의 영아에게 공포 감정을 유발하는 자극물은 많지 않으나 한두 가지 정도의 특정 사물이나 행동에 두려움을 나타내는데, 주로 목욕하기, 머리 감기, 동물, 큰 소리를 내는 물건에 대해 공포감을 갖는다. 이는 영아가 자신의 무력함에 대해 인식함에 따라 새로운 공포와 불안감이 생겨나는 것으로 영아의 인지능력이 발달하고 있음을 나타내는 증거가 된다.

◎ 자료

없음

◎ 목표행동 성취를 위한 단계적 지도과정

step 1 주양육자는 영아가 일상생활에서 이전에는 보이지 않았던 특정 사물이나 행동(예: 사실적으로 생긴 동물 인형, 머리 감기, 큰 소리를 내는 물건)이나 장소(예: 욕실, 불이 꺼진 곳이나 밀폐된 장소)에 대해 울거나 무서워하여 두려움을 나타내는지(예: 숨을 일시적으로 참기, 주양육자 뒤에 숨기, 얼굴 가리기) 주의 깊게 관찰한다.

step 2 영아가 전에는 두려워하지 않았는데 새롭게 두려움을 느끼는 대상이 있는지 확인하고 그 이유를 파악한다. 예를 들면, 목욕을 하다가 따가운 비누가 눈에 들어갔던 이전의 경험에서 욕실이나 목욕하는 것에 대해 두려움을 느낄 수도 있고, 동물이 나오는 무서운 동화를 들었던 이전의 경험에서 동물에 대한 두려움이 생길 수도 있다.

step 3 영아가 특정 사물과 장소에 대해 두려움을 표현할 경우 주양육자는 영아를 감싸 안아 달래 주고 안정을 취할 수 있도록 한다.

◎ 일상생활에서의 지도과정

주양육자는 영아에게 두려움의 대상으로 작용하는 것에 대해 강압적으로 접근하도록 요구하지 않으며, 먼저 영아가 왜 두려워하거나 무서워하는지 그 원인을 파악한다. 예를 들어, 영아가 목욕하기를 거부하면 주양육자는 "여기는 욕실이야. 우리가 깨끗이 몸을 씻을 수 있는 곳이지. 엄마도 여기에서 샤워를 한단다."라고 말하며 주양육자가 먼저 목욕하는 모습을 영아에게 보여 주고 함께 샤워를 할 수 있도록 한다. 욕실에 영아가 좋아하는 욕실용 놀잇감을 놓아 주고 목욕을 놀이 형태로 이끌어 가면 영아가 욕실에 대해 친숙함을 느끼는 데 더욱 효과적이다. 이와 같이 주양육자는 영아가 두려움을 떨치고 안정을 찾을 수 있도록 해 주고 좀 더 다양한 사물에 대해 친숙해지도록 경험시켜 주는 것이 필요하다.

◎ 고려사항

영아가 울 때 “경찰 아저씨가 혼내러 온다.” “어흥, 호랑이가 잡아 간다.” 등의 말은 지나친 공포심을 갖게 할 수 있으므로 삼가도록 한다.

시각장애 영아의 경우는 보이지 않아서 일반영아에 비해 불안감과 공포감이 상대적으로 크기 때문에 지나친 공포심을 유발하지 않도록 주의한다.

◎ 목표행동 성취기준

이 시기의 영아는 이전에 두려움을 나타내지 않았던 특정 사물이나 행동(예: 사실적으로 생긴 동물 인형, 머리 감기, 큰 소리를 내는 물건)과 장소(예: 욕실, 불이 꺼진 곳이나 밀폐된 장소)에 대해 공포감(예: 울기, 일시적으로 숨 참기, 숨기, 얼굴 가리기)을 나타낼 수 있다.

05 월령: 13~18개월

1. 목표행동

주양육자 손이나 옷을 잡아당겨서 관심을 끌거나 무엇인가를 보여 주려고 한다.

◎ 목표행동 성취의 중요성

이 시기의 영아는 다른 사람에게 자신을 표현하고 관심을 받으려는 욕구가 생기기 시작한다. 영아가 이러한 욕구행동을 보이기 시작하면 주양육자가 관심을 가지고 긍정적으로 상호작용을 해 주어야 그 행동이 강화될 수 있다. 또한 영아가 자신의 욕구가 성취되는 성공적인 경험을 하게 되면 긍정적인 자아개념을 형성할 수 있게 된다.

◎ 자료

끌차(바퀴가 달린 놀잇감), 마라카스(흔들어서 소리를 내는 악기), 헝겊블록

◎ 목표행동 성취를 위한 단계적 지도과정

step 1 주양육자는 일상생활에서 영아가 흥미로워하는 놀잇감(예: 끌차, 마라카스, 헝겊블록)을 주면서 놀잇감을 아빠나 형제자매에게 보여 주도록 유도한다.

step 2 아빠나 형제자매는 영아가 놀잇감을 보여 주면 과장되게 감탄하는 반응을 나타낸다. 예를 들어, 언어적 반응으로 "우리 ○○, 재미있는 놀잇감(예: 끌차)을 갖고 왔구나. 참 잘했어요. 끌차를 한번 끌어 볼까?"라고 말하고, 안아 주거나 만져 주는 것과 같은 비언어적인 반응도 함께 보여 준다.

step 3 주양육자의 지시 없이 영아 스스로 흥미로운 놀잇감이나 자신이 의도한 행동(예: 까꿍 놀이, 짝짜꿍 놀이)을 보여 주기 위해 관심을 이끄는 행동(예: 주양육자의 손이나 옷을 잡아당기기, 보여 주기 위한 사물이 있는 곳을 향해 손짓하기)을 하는지 관찰한다.

step 4 영아가 목표행동(예: 어떤 행동이나 놀잇감을 보여 주기 위해 주양육자의 관심 이끌기)을 스스로 성취했을 경우 주양육자는 영아에게 칭찬과 감탄을 과장되게 표현해 준다.

◎ 일상생활에서의 지도과정

실외(예: 집 주위의 공원, 놀이터)에서도 영아와 함께 걸으며 꽃과 나무, 자동차와 트럭, 애완동물 등을 지시하면서 감탄해 보는 활동을 하며 이때 영아가 주양육자가 관심을 보이는 것에 함께 관심을 나타내는지 관찰한다. 영아가 어떤 것에 관심을 가지고 주양육자에게 보여 주려고 하거나 가리킬 때에는 주양육자가 그 사물의 이

름을 말해 주고 설명해 주어서 이 같은 행동이 지속적으로 촉진될 수 있도록 한다.

◎ 고려사항

장애영아의 경우는 일과 속에서 영아 자신이 관심받고자 하는 욕구를 표현하는지 관찰한다.

지체장애 영아의 경우는 잡기 기능이 미숙하여 주양육자를 손으로 잡기보다는 치는 것을 더 좋아한다. 따라서 손으로 치거나, 고개를 흔들거나, 발을 흔드는 것과 같이 영아가 할 수 있는 신체 능력을 고려하여 스스로 표시하도록 격려하고 지원한다.

청각장애 영아의 경우는 주양육자가 영아의 눈높이보다 아래로 몸을 낮추어 정상적인 크기와 속도의 목소리로 자연스럽게 영아의 행동이나 사물을 표현해 주어 격려한다. 이때 주양육자가 단어를 지나치게 크게 말하거나, 입술의 움직임을 과장되게 할 경우 영아에게 혼란을 초래할 수 있으므로 삼가도록 한다.

언어장애 영아의 경우는 영아가 말하거나 행동하는 것에 대해 주양육자가 주어진 상황에서 추측해서 알아내도록 노력하고 이해할 수 있는 단어는 반복하여 또박또박 말해 준다.

시각장애 영아의 경우는 영아가 자신이 갖고 있는 물건을 보여 주거나 어떤 행동을 하려고 할 경우 주양육자는 명확한 표현을 사용하여 행동이나 사물을 표현해 주고 영아가 사물을 만져 보며 다양한 촉각적 · 조작적 · 청각적 경험을 할 수 있도록 도와준다.

◎ 목표행동 성취기준

영아는 주양육자에게 자신의 행동(예: 까꿍놀이, 짝짜꿍놀이)이나 어떤 사물(예: 흥미로운 놀잇감)을 보여 주기 위해 손이나 옷을 끌어당겨 관심을 표현하는 행동을 하루 일과 중 최소 5회 이상 보인다.

2. 목표행동

주양육자가 하는 행동을 모방한다.

◎ 목표행동 성취의 중요성

영아는 자신의 주위에서 일어나는 현상이나 다른 사람의 행동을 탐색하며 이를 따라 하게 된다. 영아는 모방을 통해 간접적으로 세상에 대한 학습을 시작하게 되는데 주로 안정적인 애착관계를 형성한 주양육자의 행동을 모방하며, 간단하고, 불완전하며, 짧은 시간 동안 나타난다. 옷 걸기, 놀잇감 정리정돈 등의 일상적인 활동을 통해 좋은 습관을 형성할 수 있으며, 인형놀이를 통해 성인이 영아 자신을 돌보는 것을 흉내 내며 책임감을 느껴 보는 경험을 할 수 있다. 영아는 주양육자의 행동을 무조건적으로 수용하여 모방행동을 나타내므로 주양육자는 일관성 있고 모범적인 태도를 보여 영아의 초기 전반적인 생활습관과 각 영역별 발달에 긍정적인 영향을 줄 수 있도록 해야 한다.

◎ 자료

순가락, 포크(영아용 플라스틱 포크), 빗, 행주 등의 일상용품 또는 영아용 소꿉놀이

◎ 목표행동 성취를 위한 단계적 지도과정

step 1 주양육자는 영아 앞에서 숟가락이나 포크로 음식 먹기, 빗으로 머리 빗기, 행주로 상 닦기 등의 일상생활에서 반복되는 동작을 먼저 시범 보인다.

step 2 영아에게도 숟가락, 포크, 빗, 행주 등의 일상용품을 주고 주양육자의 행동을 모방할 수 있도록 유도한다. 예를 들어, 영아용 음식모형 놀잇감을 준비하여 놓고 "맛있는 빵이 있네. 포크로 먹어 볼까?"라고 말하며 먹는 시늉을 한다. "냠냠, 음 맛있구나."와 같이 음식을 맛있게 먹는 소리도 표현해 준다.

step 3 영아가 주양육자의 일상생활 동작을 잘 따라 할 경우 언어적(예: "우리 아기 참 잘하는구나. 맛있게 잘 먹네. 예쁘구나.")으로 칭찬해 주고 영아가 스스로 주양육자의 행동을 모방하는지 주의 깊게 관찰한다.

◎ 일상생활에서의 지도과정

영아가 목표행동을 성취하였을 경우 주양육자는 칭찬을 많이 해 주어서 영아 스스로 모방놀이를 하는 것을 지속적으로 즐길 수 있도록 한다.

영아가 목표행동을 전혀 나타내지 않을 경우 주양육자가 먼저 영아의 행동(예: 영아의 몸짓이나 옹알이, 환경을 탐색하며 기어 다니기)을 따라 하면 영아는 주양육자가 자신을 모방하는 것을 즐기게 된다. 그 이후 점차적으로 영아는 주양육자의 행

동을 따라 하면서 모방놀이를 배울 수 있게 된다.

◎ 고려사항

뇌성마비 영아의 경우는 보조도구를 활용하여 숟가락, 포크, 빗 등을 잡을 수 있게 하며 행주와 같이 잡기 어려운 물체는 영아의 한 손에 쥘 수 있는 정도의 크기로 말아서 손에 쥐어 주도록 한다.

시각장애 영아의 경우는 안전사고의 위험이 없는 실제 사물을 이용하거나 소리가 나는 놀잇감을 사용하여 지도하고, 주양육자가 명확한 언어적 상호작용을 해준다. 또한 평상시 주양육자가 영아의 머리를 직접 빗겨 주거나 영아의 손을 잡고 함께 놀이하며 모델링해 주도록 한다.

◎ 목표행동 성취기준

영아는 숟가락이나 포크로 먹는 시늉, 머리 빗기, 흘린 물 닦기 등의 간단한 일상동작을 모방하는 행동을 하루 일과 중 최소 5회 이상 보인다. 모방행동은 잠깐씩 나타나며 일상 활동을 순서에 따라 수행하지 못하더라도 목표행동을 성취한 것으로 본다.

3. 목표행동

좋고 싫은 사람에 대한 선호가 분명하다.

◎ 목표행동 성취의 중요성

영아는 이전의 경험에서 자신이 주로 만났던 사람(예: 가족 구성원)에 대해서는 선호를 나타내고, 자주 만나지 않았거나 초면인 사람(예: 외부인)에 대해서는 낯설어 하거나 상대방을 탐색하는 행동을 명확하게 보인다. 이는 영아가 자신의 주변

인에 대해 인지할 수 있고 가족 구성원을 구분할 수 있음을 의미하고 자신의 감정 상태를 더욱 정확하게 표현할 수 있다는 것을 나타낸다.

◎ 자료

없음

◎ 목표행동 성취를 위한 단계적 지도과정

step 1 일상생활에서 영아가 주양육자를 제외한 다른 사람(예: 친척어른, 동네이웃, 보육교사)을 만났을 때 만난 대상에 따라 각각 어떠한 반응을 보이는지 면밀하게 관찰한다.

step 2 영아가 특정 사람에 대해 선호하는 경향(예: 무릎에 앉기, 두 팔 벌리기, 안기기)과 거부하는 경향(예: 울기, 도망가기, 등 돌리기)이 뚜렷하게 나타나는지 확인한다. 영아가 거부반응을 보이는 사람에 대해서는 주양육자가 영아에게 소개해 주고 함께 놀이(예: 헝겊블록 쌓기, 촉감책 보기)를 하며 점차 친숙해질 수 있도록 분위기를 유도한다.

◎ 고려사항

청각장애 영아의 경우는 주양육자와 친숙한 사람의 음성을 통하여 지도하도록 한다.

◎ 일상생활에서의 지도과정

주양육자는 영아가 거부반응을 보이는 사람에게 친밀감을 형성하게 하려고 상호작용을 하도록 억지로 강요하지 않는다. 항상 영아의 선택과 감정을 존중해 주고 시간을 두고 점차 친밀해질 수 있도록 도움을 준다.

시각장애 영아의 경우는 낯선 사람에 대해 밀어내기, 거부하기 등의 행동을 강하게 보이는 경우가 많다. 갑작스러운 신체 접촉보다는 천천히 시간을 두고 친밀해지도록 노력하며 손을 잡을 때에도 "○○야, 안녕! 우리 악수하며 인사해 볼까? ○○ 손이 정말 예쁘구나." 등 미리 손을 잡을 것에 대해 알려 준 후 손을 잡도록 한다.

◎ 목표행동 성취기준

영아는 일상생활에서 주양육자 이외의 다른 사람을 만났을 때 좋고 싫음의 감정 표현을 뚜렷하게 나타내는 행동을 일주일 동안 최소 5회 이상 보인다.

4. 목표행동

주양육자나 친숙한 사람에게 안기거나 뽀뽀를 한다.

◎ 목표행동 성취의 중요성

영아는 놀잇감(예: 사람 인형, 동물 인형), 주양육자, 친숙한 사람에 대해 평소에 자신이 받았던 애정 표현을 모방하여 나타내게 되는데 이러한 감정 인식과 정서 표현의 경험을 통해 긍정적인 정서발달을 형성할 수 있다. 영아가 적절한 정서 인식과 정서 표출방법을 습득할 수 있도록 주양육자가 영아에게 안정적으로 애정을 표현하여 모델링할 수 있게 하는 것은 영아의 사회정서발달에 중요한 영향을 미친다.

◎ 자료

뽀뽀뽀 노래 CD

◎ 목표행동 성취를 위한 단계적 지도과정

step 1 주양육자는 영아를 따뜻하게 감싸 안고 애정 표현(예: 뽀뽀하기, 어루

만지기, 볼 맞춤)을 한 후 영아가 주양육자의 애정 표현 행동을 모방하는지 관찰한다.

step 2 영아가 주양육자를 향해 애정 표현을 나타냈을 경우 영아를 애정이 담긴 칭찬(예: "우리 ○○가 엄마를 많이 사랑해 주는구나. 고마워. 엄마도 우리 ○○, 너무 예쁘고 사랑해.")으로 반응해 준다.

step 3 주양육자가 애정 표현을 먼저 하지 않아도 영아 스스로 주양육자를 향해 안기거나 뽀뽀하는 등의 친밀한 상호작용을 나타내는지 살펴본다.

step 4 영아가 애정 표현을 보이지 않을 경우 뽀뽀뽀 노래 CD를 틀어 주고 '뽀뽀뽀' 노랫말에 맞추어 주양육자와 함께 애정 표현을 해 본다. 반복적인 경험을 통하여 영아 스스로 주양육자에게 애정 표현을 나타내는지 살펴본다.

◎ 일상생활에서의 지도과정

영아는 면역력이 약하기 때문에 양육자는 영아가 뽀뽀를 할때, 입술보다는 볼에 하도록 지도한다.

주양육자는 영아가 친숙한 사람(예: 주양육자, 부모, 조모)에게 애정 표현을 자율적으로 나타낼 수 있도록 지속적으로 상호작용을 해 주어야 한다.

일상생활에서 주양육자는 영아에게 애정 표현을 해 주어서 영아가 자신이 아낌없는 사랑을 받고 있음을 항상 알도록 해 주어야 한다.

가족마다 다양한 문화를 지니고 있으므로 가족 전체가 선호하는 표현 방식으로 사랑을 주고받을 수 있도록 해 주며, 모방과 경험을 통해 습득할 수 있도록 자연스러운 생활 속에서 보여 준다.

◎ 고려사항

애정 표현은 모방과 경험을 통해서 습득되므로 주양육자가 평상시 자주 보여주는 것은 바람직하지만, 영아가 만나는 모든 사람과 애정 표현을 하지 않도록 주의하여 지도한다.

장애영아의 경우는 만날 때나 헤어질 때 누구에게나 껴안고 입을 맞추는 습관이 성인이 되어서도 유지될 수 있기 때문에 애정 표현을 나눌 수 있는 범위를 가족이나 가까운 친지로 한정시켜 주어야 한다.

◎ 목표행동 성취기준

영아는 주양육자나 친근한 사람에게 안기거나 뽀뽀 등으로 애정 표현하는 행동을 하루 일과 중 최소 5회 이상 보인다.

5. 목표행동

주양육자에게 가서 도움을 요청한다.

◎ 목표행동 성취의 중요성

이 시기의 영아는 스스로 어떠한 과제를 해결하기 위한 능력이 제한되어 있음을 인지하여 주변 성인에게 문제해결을 요청한다. 주로 친밀한 관계를 형성한 주양육자에게 도움을 구하게 되는데, 이러한 경험을 통해 영아는 자신이 곤란한 상황에 처했을 때 주양육자가 해결해 준다는 것을 인지하게 된다. 이때 영아는 자신이 원하는 것을 충족시키기 위해 기다려야 하는 만족지연을 경험하게 됨으로써 주위 상황에 따라 자신의 욕구를 조절하는 것을 배울 수 있게 되는데, 이는 자아통제의 발달에 중요한 역할을 한다.

◎ 자료

영아용 놀잇감(예: 태엽인형, 도형 맞추기, 블록상자), 과자봉지, 플라스틱 병뚜껑

◎ 목표행동 성취를 위한 단계적 지도과정

step 1 주양육자는 영아가 수행하기 힘든 어떠한 행동(예: 병뚜껑이나 과자봉지 열기, 놀이 중에 태엽 감기, 도형 맞추기, 블록상자 열기)을 하고 있을 때 주양육자에게 도움을 청하는지 살펴본다. 예를 들어, 비언어적 반응으로 주양육자에게 과자봉지나 놀잇감을 건네주며 끙끙거리기, 주양육자를 과자봉지나 놀잇감 쪽으로 이끌기, 손짓하기 등을 나타내는지, 언어적 반응으로 약간 서투른 표현으로 "해 주세요." "해 줘." 와 같이 말하는지 살펴본다.

step 2 영아가 문제해결을 위해 주양육자에게 도움을 청했을 때 주양육자가 영아의 요구를 즉시 수용해 주지 말고, 영아에게 잠시 기다려 줄 것을

부탁한 후 잠시 뒤에 영아의 요청을 들어주도록 한다. 이때 영아가 주양육자를 기다려 준 것에 대해 고마움을 표현한다(예: "우리 ○○, 오래 기다렸지? 기다려 줘서 고마워. 엄마가 금방 해 줄게.").

◎ 일상생활에서의 지도과정

영아의 요구가 즉시 수용되지 않았을 경우 영아는 주양육자에게 떼를 쓰기도 한다. 영아가 떼를 쓴다고 하여 요구를 즉각적으로 들어주게 되면 영아는 점차 자신의 요구가 관철될 때까지 떼를 계속 쓰게 된다. 따라서 영아에게 기다려 보도록 하는 것이 중요하고 초기에는 기다리는 시간을 짧게 하고 점차 늘려 가는 것이 영아 자신의 욕구를 조절해 나가는 데 도움이 된다.

영아가 충동적이고 성격이 급한 기질을 갖고 있을 경우 항상 현재 하고 있는 일이나 놀이를 마무리할 수 있도록 시간을 주고 다른 행동을 할 수 있도록 지도한다.

◎ 고려사항

발달지체 영아의 경우는 구체적으로 지시하거나 도와주면서 지도하도록 한다.

뇌성마비 영아의 경우는 언어 발성에 문제가 있어 눈짓이나 몸짓으로 표현하는 일이 많으므로 무엇을 원하는지 잘 파악하여 영아가 떼를 쓰지 않도록 사전에 잘 제어한다.

시각장애 영아의 경우는 너무 쉽게 포기하고 의존하는 것이 습관화되지 않도록 지나치게 힘든 과제를 제시하지 않는다.

◎ 목표행동 성취기준

영아는 스스로 수행하기 힘든 과제가 주어졌을 때, 주양육자에게 필요한 도움을 요청하는 행동을 하루 일과 중 최소 5회 이상 보인다.

6. 목표행동

일과나 환경 변화를 두려워한다.

목표행동 성취의 중요성

영아는 다양한 환경을 접하게 되면서 친숙한 일과 과정에서 생기는 변화를 낯설어하거나 두려움의 정서로 표현하기도 하고, 애착을 갖고 있는 대상과 떨어지는 것을 두려워하는 분리불안 증세를 보이기도 한다. 주양육자는 영아에게 새로운 실내 및 실외 환경에 익숙해질 수 있는 기회를 주어 영아가 편안하고 안정된 마음을 가질 수 있도록 한다. 다양한 환경을 경험한 영아는 제한된 장소에서만 있었던 영아보다 더 폭넓은 세계로 전이하는 것이 순조로울 수 있다.

자료

영아에게 친숙한 놀잇감(예: 헝겊책, 동물 인형, 마라카스)

목표행동 성취를 위한 단계적 지도과정

step 1 주양육자는 영아와 함께 처음 접하는 다른 집이나 어린이집을 방문해 보고 영아가 나타내는 반응(예: 주양육자에게서 떨어지지 않기, 얼굴을 찡그리거나 울기, 칭얼대기)을 살펴본다.

step 2 주양육자는 영아에게 친숙한 놀잇감을 주고 놀이에 집중할 수 있도록 하였다가 다른 장소로 이동한 후 영아의 반응(예: 울기, 칭얼거리기)을 살펴본다.

step 3 영아가 두려움의 반응을 나타낼 경우 주양육자의 목소리를 들려주거나 안아 주고 조용한 장소로 이동하여 영아가 안정을 취할 수 있도록 한다.

◎ 일상생활에서의 지도과정

영아가 심하게 스트레스를 받거나 당황한 모습을 보이면 그 장소에는 짧은 시간만 머물 수 있도록 하고 자주 방문하여 머무는 시간을 늘려 가며 영아가 친숙함을 느낄 수 있도록 한다. 이는 영아의 어린이집 초기 적응과정에도 해당되며 영아가 충분히 적응하여 안정감을 가질 수 있을 때 그 환경으로 옮겨 가는 것이 적절하다.

◎ 고려사항

영아가 보이는 문제행동과 적응능력은 지극히 다양하고 개별적일 수 있다. 특히 교육기관에서 영아를 지도하는 교사는 영아의 개별성을 존중해 주고 영아가 편안함을 느낄 수 있도록 도움을 주어야 한다.

영아가 두려워하거나 낯설어하는 장소에 영아를 오래 두지 않음으로써 영아가 낯선 장소에 대한 두려움과 거부감을 갖지 않도록 해야 한다.

시각장애 영아의 경우는 새로운 환경에 있는 사물이나 경험을 주양육자가 간단하고 정확한 언어로 표현해 주면서 지속적으로 지도하도록 한다.

◎ 목표행동 성취기준

영아는 일과나 환경(예: 교육기관, 다른 가정집)에 변화가 생겼을 때 울기, 칭얼대기, 주양육자와의 격리불안 등의 두려움의 정서를 표현하는 행동을 일주일 동안 최소 5회 이상 보인다.

7. 목표행동

놀아 달라고 장난감을 가지고 주양육자에게 간다.

◎ 목표행동 성취의 중요성

이 시기의 영아는 주양육자와 놀이를 함께 하고 싶어 하는데, 이는 영아가 혼자서가 아닌 다른 사람과 놀이를 공유하려고 하는 시도라 할 수 있다. 이러한 경험을 통해 영아는 초기 대인관계 기술을 형성할 수 있으며 사회적 기술을 발달시킬 수 있다.

◎ 자료

영아용 놀잇감(예: 도형 맞추기, 롤러 코스터, 블록)

◎ 목표행동 성취를 위한 단계적 지도과정

step 1 영아가 주양육자를 향해 놀이와 관련된 상호작용(예: 함께 놀 수 있는 놀잇감 가져오기, 주양육자의 손이나 팔을 잡아당기며 같이 놀이하기를 요구하기)을 시도하는지 살펴본다.

step 2 주양육자가 먼저 영아에게 언어적으로 반응(예: "우리 함께 이 놀잇감을 갖고 놀까?" "이 놀잇감 재미있겠다. 같이 해 볼까?")하여 영아의 행동이 강화될 수 있도록 하고, 영아에게서 목표행동(예: 함께 놀 수 있는 놀잇감 가져오기, 주양육자의 손이나 팔을 잡아당기며 같이 놀이하기를 요구하기)이 나타나는지 관찰한다.

step 3 영아가 목표행동을 성취했을 경우 주양육자는 영아와 함께 상호작용을 해 주며 즐겁게 놀이한다.

◎ 일상생활에서의 지도과정

영아가 주도하는 놀이를 주양육자가 집중적으로 지도하게 될 경우 서로 친밀한 관계를 형성하는 데 도움이 되고, 또 놀이를 촉진시켜 보다 수준 높은 놀이로 확장시켜 나가며 놀이시간을 더 오래 지속할 수 있다는 장점이 있다. 반면 주양육자의 의도에만 맞추어진 놀이는 강제적이고 영아의 자율성을 제한시켜 자신감을 떨어뜨릴 수 있으니 주양육자는 놀이에 적절하게 개입하여 영아가 주도하는 놀이 분위기를 조성해 주어야 한다.

◎ 고려사항

발달지체 영아의 경우는 놀이 활동을 짧은 시간 내에 단순하고 의미 있게 하도록 한다.

뇌성마비 영아의 경우는 불수의적인 움직임이나 경직성이 있어서 플라스틱 블록으로 놀이하면 다치기 쉬우므로 가벼운 플라스틱 상자나 스펀지 블록 등의 놀잇감을 준 후 익숙해지면 플라스틱 블록을 주도록 한다.

시각장애 영아의 경우는 소리 나는 놀잇감을 이용하여 지도한다.

◎ 목표행동 성취기준

영아는 주양육자와 함께 놀이하려고 시도하는 상호작용(예: 함께 놀 수 있는 놀잇감 가져오기, 주양육자의 손이나 팔을 잡아당기며 놀이하기를 요구하기) 행동을 하루 일과 중 최소 5회 이상 보인다.

06 월령: 19~24개월

1. 목표행동

동물 인형이나 사람 인형 놀이를 할 때 흔들거나 먹이기, 재우기, 기저귀 갈기 같은 행동을 흉내 낸다.

◎ 목표행동 성취의 중요성

영아는 인형과 놀이를 하며 주양육자를 포함한 성인의 행동을 모방하는 모습을 나타낸다. 예를 들어 소꿉그릇으로 맘마 먹는 시늉하기, 아기 인형에게 우유 먹이기 등의 행동을 나타내며 상징놀이를 시작하는데, 이를 통해 관련된 경험을 회상하여 표현하게 되고 이러한 경험이 쌓이면서 추상적인 사고 발달이 촉진된다. 또한 영아가 주변 타인과 경험한 일을 놀이로 모방하면서 간단한 사회적 기술을 배우게 되고 성인과 자신을 동일시하는 과정을 익히게 된다.

◎ 자료

튼튼한 영아용 인형, 인형이 들어갈 만한 크기의 상자 또는 인형용 침대, 이불, 우유병, 인형 옷

◎ 목표행동 성취를 위한 단계적 지도과정

step 1 주양육자는 영아의 주변에 인형과 여러 가지 일상용품(예: 침대, 상자, 이불, 우유병, 옷)을 제시하여 주고 영아의 놀이행동을 관찰한다.

step 2 주양육자는 영아가 인형을 안고 우유를 먹이는 행동, 침대나 상자에 눕혀 재우는 행동, 옷을 갈아입혀 주는 행동이 나타나면 영아의 동작에 칭찬으로 반응(예: "인형에게 우유를 먹여주는구나. 우리 ○○, 참 잘하는구나.")해 준다.

step 3 영아가 목표행동을 전혀 나타내지 않을 경우 주양육자는 영아가 모방해야 할 행동을 시범(예: 인형에게 우유 먹이기, 침대나 상자에 눕혀 토닥토닥 재워 주기, 이불 덮어 주기, 기저귀 갈기, 옷 갈아입히기) 보인다.

step 4 영아가 주양육자의 행동을 모방하여 목표행동을 나타내는지 확인하고 영아가 인형과 함께 다양한 활동(예: 우유 먹이기, 재우기, 목욕시키기, 기저귀 갈기, 옷 갈아입히기, 목욕시키기, 산책하기)을 표현할 수 있도록 놀이로 상호작용을 해 준다.

◎ 일상생활에서의 지도과정

영아가 사용하는 놀잇감은 되도록 간단한 것으로 준비하는 것이 좋으며, 인형은 옷을 쉽게 갈아입힐 수 있는 것으로 준비한다.

인형에 털 등으로 머리카락이 심어져 있는 것보다 머리카락 모양으로 그려져 있는 것, 인형의 신체 부위가 빠지지 않게 되어 있는 것으로 준비한다. 머리카락이 심어져 있는 인형은 금방 망가지게 되고 신체 부위가 이탈되는 인형은 영아에

게 공포감을 조성할 수 있으니 주의한다.

◎ 고려사항

발달지체 영아의 경우는 인형에 대해 거부반응을 일으키기 쉽고, 상징놀이가 다소 어려울 수 있으므로, 실제 생활 경험 위주로 지도하는 것이 적당하다(예: 연령이 낮은 영아의 일상생활을 반복적으로 제시).

시각장애 영아의 경우도 일반 영아와 마찬가지로 주양육자가 다양한 활동을 함께 하며 모델링해 주는 것이 선행되어야 한다.

◎ 목표행동 성취기준

영아는 자연스러운 놀이 활동 속에서 일상생활(예: 우유 먹이기, 재우기)의 기능적인 놀이 형태를 나타내는 행동을 일주일 동안 최소 5회 이상 보인다.

2. 목표행동

갈이 놀이하는 친구의 이름을 안다.

○ 목표행동 성취의 중요성

이 시기의 영아는 자신의 이름뿐만 아니라 자신과 상호작용을 나누는 친숙한 또래의 이름을 인식하기 시작한다. 이는 영아가 사람은 각각의 이름을 지니고 있는 개별적이고 독립적인 존재라는 것을 인지하는 과정으로서 이름을 통하여 각각의 존재를 구분 짓기도 한다. 이러한 경험은 타인에 대한 이해를 발달시키는 데 기초과정이 되며 사회 인지와도 밀접한 관련이 있다.

○ 자료

영아 동요(예: '요기 여기' '당신은 누구십니까'), 또래 친구와 함께 찍은 사진(단체 사진)

○ 목표행동 성취를 위한 단계적 지도과정

step 1 가족과 함께 모여 앉아 이름을 알아보는 노래를 불러 본다(예: "엄마는 어디 있나. 여기~."). 이때 가족의 호칭을 불러 보며 손짓으로 지시한다.

step 2 영아와 함께 노래를 통해 가족의 호칭을 익혀 본 후 주양육자가 "○○는 어디 있니?" 하는 물음에 영아가 호명된 가족의 손을 잡아 주거나 손짓하여 지시하도록 한다. 영아가 호명된 가족을 지시하면 칭찬해 준다.

○ 일상생활에서의 지도과정

주양육자는 평소에 영아와 여러 명의 또래가 모인 자리에서 이름을 자주 호명하여 영아가 자연스럽게 또래 친구의 이름을 익힐 수 있는 활동을 하도록 한다. 하루에 한 번 정도는 모든 영아 또는 가족의 이름을 다 함께 불러 보는 시간을 갖고 노래를 통해 익혀 보는 것이 도움이 된다.

언어 영역 벽면에 게시되어 있는 영아의 단체 사진을 보면서 친구의 이름을 말해 본다. 단체사진을 통한 활동이 어려울 경우에는 영아의 개별사진을 한 장씩 제시하며 이름을 알아본다.

◎ 고려사항

뇌성마비 영아의 경우는 손짓이 어려울 수 있으므로 이름을 호명하면 고개짓, 눈짓, 몸짓 등을 하도록 한다. 정확한 발음이 어려울 경우는 '어어'나 '응응' 등 발음하기 쉬운 단어를 사용하여 발성하도록 유도한다.

청각장애 영아의 경우는 시각적으로 흥미가 있는 사진을 제시하여 지도하도록 한다.

시각장애 영아의 경우는 평소 교류가 많았던 또래 영아의 이름을 호명하며 손을 잡아 보는 등의 촉각적 경험을 제공하고 영아가 하고 있는 행동을 구체적으로 표현해 준다. 또한 또래 영아 또는 가족이 모여 앉은 상태에서 이름을 부르고 상대방이 답하면 소리가 나는 방향을 가리키도록 해 본다. 한 사람 이상일 경우 차례차례 이름을 부르는 것보다 이전에 불린 사람과 조금 떨어진 거리에 앉아 있는 사람을 불러 주어 영아가 소리가 나는 방향을 정확히 가리킬 수 있는지 살핀다.

◎ 목표행동 성취기준

영아는 같이 활동하는 또래 영아 또는 가족을 알아보고 노랫말에 맞추어 손가락으로 가리키는 행동을 10회 시도 중 최소 8회 이상 보인다.

3. 목표행동

다양한 감정 표현을 한다.

◎ 목표행동 성취의 중요성

정서의 발달에는 인지적 요인이 중요한 역할을 하게 되는데, 영아는 주위 환경에 적극적으로 주의를 기울이고 그 의미를 해석하며, 이를 통해 자극에 대한 인지틀을 형성해 나가는 과정에서 다양한 감정을 표출하게 된다. 영아는 성장하면서 점차 긍정적 정서와 부정적 정서의 원인을 인지하게 되고 동시에 언어 능력이 발달하면서 단순히 얼굴 표정이나 울음으로 자신의 정서를 나타내는 것이 아니라 언어로 표현할 수 있게 된다.

◎ 자료

다양한 정서가 표현된 그림책

◎ 목표행동 성취를 위한 단계적 지도과정

step 1 주양육자는 영아에게 수시로 여러 가지 감정에 대해 표시(예: 주양육자가 기분이 좋을 경우 “우리 ○○가 엄마를 사랑해 주니 기분이 좋아.” 주양육자가 슬펐을 경우 “우리 ○○가 우니까 엄마도 슬프다.”)하여 자신의 감정을 표현하는 데 사용할 수 있는 언어와 행동 형태를 접할 기회를 준다.

step 2 영아와 주양육자는 웃는 모습과 우는 모습 등의 그림이 그려져 있는 책을 함께 보고 그림 속에 나타난 정서 상태와 그러한 정서가 나타나게 된 상황에 대해 이야기(예: “그림 속의 친구는 왜 울고 있지?”)를 하면서 영아에게도 생각해 볼 시간을 준 후 답해 준다(예: “아~! 놀잇감이 망가져서 울고 있구나. 친구가 많이 슬플 것 같아.”). 이때 영아의 반응을 관찰해 본다(예: 그림책에서 나오는 여러 정서의 이유에 대해 주양육자가 물었을 경우 그림책을 손으로 지시하거나 슬픈 표정 따라 하기, 우는 시늉하기).

step 3 영아가 주양육자와 상호작용을 할 때 나타내는 영아의 반응(예: 그림책에서 나오는 여러 정서의 이유에 대해 주양육자가 물었을 경우 그림책을 손으로 지시하기, 슬픈 표정 짓기, 우는 시늉하기)에 대해 주양육자가 칭찬(예: "우리 ○○, 참 잘하는구나. 우리 ○○도 놀잇감이 고장 났을 때는 많이 속상할 텐데. 그치?")해 주고 영아가 그림책을 보며 다양한 감정 표현을 따라 하여 나타내는지(예: 얼굴 찡그리기, 환하게 미소 짓기, 우는 시늉) 관찰해 본다.

step 4 영아가 목표행동을 성취하지 못했을 경우 주양육자는 영아와 함께 그림책을 보며 다양한 정서 표현에 대해 이야기 나누며 목표행동이 자연스럽게 나타날 수 있도록 유도한다.

◎ 일상생활에서의 지도과정

그림책뿐만 아니라 평상시에도 영아 주변의 누군가가 감정을 드러낸다면 감정을 표현하는 데 사용할 수 있는 언어와 행동 형태를 경험할 수 있는 기회를 지속적으로 준다.

일상생활에서 주양육자가 다양한 감정을 나타내는 얼굴 표정을 지어 보이고, 영아가 거울을 보며 다양한 얼굴 표정을 지어 볼 수 있는 활동을 해 본다.

놀이를 하면서 또래와 놀잇감으로 인해 분쟁이 생겼을 때 감정을 언어로 표현할 수 있도록 지도한다. 예를 들면, 놀이 상황에서 영아가 가지고 있던 놀잇감을 또래 친구가 말없이 가져갔을 때 "○○가 놀잇감을 가져가니까 속상하다."라고 표현할 수 있도록 주양육자가 모델링을 제공한다.

◎ 고려사항

그림책을 이용한 활동이 어려운 영아는 자신의 감정에 기반해 다양한 표현행동을 하도록 그때그때의 상황에서 지도해 주고 일상생활과 연계하여 활동을 전개한다.

시각장애 영아의 경우는 주양육자가 책 또는 이야기를 통해 감정이 드러나는 상황을 들려준 후 영아에게 질문하고 어떤 감정인지 답하도록 한다.

◎ 목표행동 성취기준

영아는 얼굴 표정(예: 얼굴 찡그리기, 환하게 미소 짓기, 우는 시늉)으로 다양한 감정을 표현하는 행동을 하루 일과 중 최소 5회 이상 보인다.

4. 목표행동

병행놀이(한 장소에 있지만 서로 상호작용하지 않고 각자 노는 놀이)를 한다.

◎ 목표행동 성취의 중요성

이 시기의 영아에게서 나타나는 놀이는 두 명 이상의 영아가 같은 활동을 같은 장소, 같은 시간에 하면서도 각자 따로 놀이를 진행하는 병행놀이의 형태로 나타난다. 영아는 또래의 다른 영아 옆이나 주위에서 노는 것을 선호하게 되는데, 이는 더 발전된 집단 상호작용 단계로 나아가기 위한 사회적 놀이 발달 단계의 한 과정이라 할 수 있다.

◎ 자료

영아용 놀잇감(예: 집짓기, 자동차, 비행기 레고블록, 책), 영아용 매트, 다른 영아 2~3명

◎ 목표행동 성취를 위한 단계적 지도과정

step 1 여러 명의 영아가 함께 놀 수 있도록 준비를 하고, 주양육자는 영아와 함께 놀이를 하다가 영아가 놀이에 집중을 하면 조금 멀리 떨어져 앉는다.

step 2 영아에게 놀이가 나타나지 않고 또래 근처에도 접근하지 못하면 주양육자가 놀이에 직접적으로 개입하여 영아가 평소 좋아하는 놀이를 전개하며 집중할 수 있도록 해 준다.

step 3 각각의 영아가 놀이하는 모습(영아가 자신의 놀이에 몰두한 모습)을 관찰하고 영아 스스로 놀이를 잘해 나간다면 칭찬(예: "멋진 집을 만들었구나." "비행기가 하늘을 높이 날아다니네.")으로 격려해 준다.

step 4 주양육자는 영아에게 다른 영아가 놀이하는 모습을 중간 중간 이야기해 주고 영아가 다른 영아에게 놀잇감을 건네는 모습이 관찰되면 칭찬해 준다.

◎ 일상생활에서의 지도과정

주양육자가 영아를 가정에서 돌보는 상황이라면 일주일에 1~2회 정도 놀이 집단을 만들어 다른 영아와 함께 할 수 있는 기회를 준다.

◎ 고려사항

형제자매가 없는 영아는 형제자매가 있는 영아보다 병행놀이가 어려울 수 있다. 위와 같은 지도과정을 일과 속에서 지속적으로 접할 수 있도록 또래와 함께 할 수 있는 기회를 제공하여 병행놀이가 자연스럽게 나타날 수 있도록 한다.

시각장애 영아의 경우는 주양육자가 영아의 주변에서 놀이하는 다른 영아의 놀이 상황을 언어로 설명해 주는 것이 좋다(예: "○○는 블록을 높이 쌓았구나. 정말 높은 걸." "○○는 토닥토닥 인형 아기를 재워 주고 있구나.").

◦ 목표행동 성취기준

영아는 한 장소에서 또래의 다른 영아와 각기 다른 놀이를 하는 행동을 일주일 동안 최소 5회 이상 보인다. 이때 다른 영아와의 상호작용은 나타나지 않을 수 있다.

5. 목표행동

혼자 놀이를 즐긴다.

◦ 목표행동 성취의 중요성

영아는 대상영속성의 개념을 형성하고 주양육자와의 안정적인 애착관계를 기반으로 하여 주양육자의 놀이 시도나 참여 없이도 혼자 놀이를 할 수 있게 된다. 즉, 영아는 발달상으로 자신을 주양육자와 분리된 독립적인 존재로 인식하여 스스로 놀이를 주도할 수 있게 되며 주양육자와는 개별적으로 놀이를 안정적으로 진행하게 된다.

◎ 자료

영아가 좋아하는 놀잇감 3~4개

◎ 목표행동 성취를 위한 단계적 지도과정

step 1 주양육자가 영아를 돌보는 일 이외의 다른 일을 하고 있는 자연스러운 상황에서 영아가 혼자 놀이(예: 색칠하기, 책 보기, 블록 쌓기)를 하는지 반응을 관찰한다.

step 2 영아가 혼자 놀이에 집중하지 못하거나 중단할 경우에 주양육자는 영아와 함께 놀이 활동을 하다가 점차 주양육자의 역할을 축소시킨 후 영아 스스로 혼자 놀이를 진행하는지 살펴본다.

◎ 일상생활에서의 지도과정

주양육자가 평소에 집안일, 전화 통화 등을 하게 되어 영아 혼자 놀게 되었을 경우 어떤 반응을 보이는지 주의 깊게 관찰한다.

주양육자가 자리를 비운 사이 영아가 불안한 반응(예: 놀이 중단하기, 울기)을 보인 경우에는 언어적 반응(예: "엄마 잠깐 화장실 다녀왔는데 우리 ○○ 많이 놀랐구나.")으로 영아가 안정을 찾을 수 있도록 해 준다.

◎ 고려사항

영아는 주의 집중시간이 매우 짧아 한꺼번에 여러 자극이 주어질 경우 이런 현상이 두드러지게 나타난다. 따라서 놀이 시에는 2~3개의 놀잇감을 제시해 주고 놀이에 집중할 수 있는 조용하고 아늑한 분위기를 만들어 주도록 한다.

영아가 간혹 놀이에 흥미를 잃거나 관심이 없는 경우에는 영아의 수준과 놀잇감의 수준을 점검해 본다. 이 시기 영아의 월령에 적합한 놀이의 예로는 끌차놀이, 블록 쌓기, 찰흙과 반죽을 이용한 감각놀이, 목마타기, 실외 자연탐구 활동 등이 있다.

지체장애 영아의 경우는 신체의 원활한 움직임이 어려워 스스로 할 수 있는 일이 많지 않기 때문에 무력감에 빠지기 쉽다. 그러므로 영아가 쉽게 만지고 접근할 수 있는 놀잇감을 주어 스스로 할 수 있는 일을 만들도록 유도한다.

시각장애 영아의 경우는 영아가 불안해하지 않도록 주양육자가 자리를 잠시 비울 경우 이 사실을 미리 알려 준다.

◎ 목표행동 성취기준

영아는 주양육자의 도움 없이 스스로 약 3~4분간 놀이하는 행동을 일주일 동안 최소 5회 이상 보인다.

6. 목표행동

다른 사람이 힘들어할 때 위로해 주려고 한다.

◎ 목표행동 성취의 중요성

영아는 자신의 다양한 감정을 표현하는 데 그치지 않고 타인이 느끼는 두려움, 실망, 슬픔, 외로움의 감정을 자신의 것처럼 느끼고 공감해 주는 감정이입을 경험하게 된다. 영아는 자신의 정서를 위로받아 본 경험에 기초해 다른 사람의 감정에 대해 적절하게 반응하는 방법을 익히게 되고, 이는 친사회성의 발달에 중요한 역할을 한다.

◎ 자료

다양한 정서가 표현된 그림책

◎ 목표행동 성취를 위한 단계적 지도과정

step 1 영아가 평소에 우울해 보일 때마다 주양육자는 영아의 감정에 공감해 주고 달래 준다(예: 안아 주기, 토닥여 주기, 뽀뽀해 주기). 이 외에도 영아가 다른 영아와 함께 노는 상황에서 다툼이 발생하여 울게 될 경우 자연스럽게 달래 준다.

step 2 반대로 영아가 이러한 행동을 할 수 있는 기회를 만들어 준다(예: 주양육자가 손이나 발을 다쳤을 경우 "엄마 손가락을 다친 것 같아. 너무 아픈데 우리 ○○가 호~해 주고 안아 주면 괜찮아질 것 같아."). 주양육자의 행동에 따라 영아가 달래 주기 행동을 나타내는지 관찰하고 목표행동을 성취했을 경우, 언어적 칭찬(예: "우리 ○○가 엄마를 위로해 주니까 엄마는 벌써 다 나은 것 같아. 고맙고 사랑해.")과 비언어적 칭찬(예: 안아 주기, 뽀뽀하기, 쓰다듬어 주기)으로 반응해 준다.

step 3 영아가 다양한 정서 표현을 접할 수 있는 그림책을 준비하여 그 정서에 대해 이해하고 공감해 볼 수 있는 기회를 준다(예: "그림책 속의 친구는 놀잇감이 고장 나서 너무 슬프겠다. ○○가 위로해 주자.").

◎ 일상생활에서의 지도과정

주양육자는 영아의 정서에 항상 민감하게 반응해 주고 깊은 관심을 표현해 주어야 한다. 만약 영아의 감정 상태를 무시한다면 영아는 그것을 그대로 수용하여 학습할 위험이 있다.

일상생활에서 영아에게 이러한 행동이 지속적으로 나타날 수 있도록 해 주고 칭찬해 준다. 사람 인형과 동물 인형 등을 통해 상징놀이로 연계될 수 있도록 활동을 촉진한다.

◎ 고려사항

그림책 읽기에 협조하지 않거나, 그림으로 나타낸 감정을 읽는 데 어려움이 있는 영아의 경우는 일상생활 속의 기회 또는 상황의 재연을 통해서 지도하도록 한다. 예를 들면, 영아의 또래친구와 분쟁이 발생했을 경우 타인의 감정을 이해할 수 있는 언어적 상호작용과 함께 중재한다.

언어발달이 미흡한 영아의 경우는 몸짓으로 위로하기, 사과하기 등의 활동으로 지도한다.

◎ 목표행동 성취기준

영아가 다른 사람의 감정을 알고 이에 반응하여 위로해 주려는 행동을 일주일 동안 최소 5회 이상 보인다.

07 월령: 25~30개월

1. 목표행동

거울을 보고 있을 때, 거울을 같이 쳐다보면서 "이게 누구야?"라고 물으면 "나"라고 말하거나 자신의 이름을 말한다.

◎ 목표행동 성취의 중요성

영아는 거울 속에 비친 자신의 모습이 자신의 행동에 따라 움직인다는 것을 이해하게 되면서 거울 속의 상이 자기임을 알게 된다. 이러한 경험을 통해 자신이 다른 사람이나 사물과는 구별되는 독립적인 존재라는 것을 인식하게 된다. 자아개념은 다양한 인간관계 속에서 자기를 긍정적으로 보고 자신감 있고 능동적인 인간으로 성장해 나가는 데 매우 중요한 역할을 한다.

◎ 자료

영아용 거울(영아가 고개를 들었을 때 볼 수 있게 벽면에 부착된 거울이나 영아용 전신용 거울)

◎ 목표행동 성취를 위한 단계적 지도과정

step 1 주양육자는 영아와 함께 거울 앞에 앉아서 영아가 거울에 비친 자기 모습을 보도록 유도한다.

step 2 주양육자는 영아의 주의를 끌기 위해 거울을 두드려 주거나 미소를 지으며 언어적 반응(예: "○○야, 여기를 봐.")으로 자극해 준다.

step 3 영아가 거울에 비친 자기 모습을 보았을 때 주양육자는 거울에 나타난 모습을 가리키며 "이게 누구야?"라고 묻는다. 주양육자의 물음에 영아가 "나"라고 말하거나 자신의 이름으로 대답하는지 살펴본다.

step 4 주양육자는 영아가 목표행동("나"라고 말하거나 자신의 이름으로 대답하기)을 성취하였을 경우 영아를 칭찬해 주고 거울에 비친 영아의 모습을 구체적으로 탐색하며 상호작용을 한다(예: '눈은 어디 있나'와 같이 재미있는 음률이 있는 노랫말을 사용하여 상호작용을 한다).

step 5 주양육자는 영아가 목표행동을 나타내지 않을 경우 거울에 비친 모습을 함께 가리키며 영아에게 자극(예: 주양육자를 먼저 가리키며 "거울 속의 이게 누구야? 여기에 엄마가 있네."라고 한 다음 영아의 모습을 가리키며 "엄마 옆에 이건 누구야? 우리 예쁜 ○○가 있네."라고 한다)을 준 후 위의 지도과정을 반복하여 영아의 반응을 살펴본다.

◎ 일상생활에서의 지도과정

거울을 활용하여 영아의 자아개념을 발달시키기 위해서는 영아가 평소 거울을 얼마나 자주 접하는지, 영아의 인지적 능력이 현재 어느 수준인지, 그리고 의미 있는 타인(주양육자 포함)과 얼마나 많은 사회적 접촉을 경험하였는지가 모두 중요하다. 따라서 주양육자는 일상 속에서 수시로 영아와 함께 거울을 활용하여 상호작용을 시도하는 것이 좋다.

◎ 고려사항

개별 영아마다 발달 수준이 달라 목표행동이 늦게 성취될 수 있으므로 주양육자는 영아와 함께 거울을 통한 상호작용을 지속적으로 하도록 한다.

거울을 보면서 동물이나 사람 인형, 또래 영아의 이름 부르고 대답하는 활동도 영아의 관심과 흥미를 끄는 데 효과적이다.

뇌성마비 영아의 경우는 '나' 발음이 어려우면 '아'나 '으' 등 비슷한 입모양을 하도록 유도하며 정확한 발음을 지나치게 강조하여 영아가 무력감에 빠지지 않도록 주의한다. 발성이 안 되는 영아는 몸짓으로 표현을 하도록 유도한다.

시각장애 영아의 경우는 주양육자가 거울에 비친 영아의 모습을 특징적으로 묘사해 주며 촉각적 · 조작적 경험으로 지도한다. 굳이 거울을 피할 필요가 없으며 잔존 시력이 있는 저시력 영아의 경우도 동일하게 지도한다. 전혀 볼 수 없는 전맹 영아의 경우도 거울에 비친 모습을 설명해 준다. 볼 수 없는 영아의 손을 잡고 거울과 거울에 비친 모습을 만지게 해 주면서 "엄마가 ○○을 안고 거울을 보고 있는데 여기 엄마가 있네. 그럼 여기 엄마 옆에 누가 있을까?" 하고 질문하여 영아가 "나" 또는 자신의 이름을 말하도록 유도한다.

◎ 목표행동 성취기준

영아는 거울에 비친 자신의 모습에 대한 물음에 자신의 이름을 말하거나 "나"라고 대답하는 반응을 10회 시도 중 최소 8회 이상 보인다.

2. 목표행동

가족이 아닌 다른 사람의 지시를 따른다.

◎ 목표행동 성취의 중요성

영아는 주양육자 이외의 다른 사람에 대해서는 거부반응을 나타내다가 어느 정도 시간을 두고 상호작용을 나눈 후에는 안정감을 갖고 친밀한 관계를 갖게 된다. 또래 영아, 다른 성인을 포함하여 여러 사람과 관계를 맺게 되면서 영아는 폭넓은 사회 교류를 경험하게 되고 긍정적인 대인관계 기술을 획득하게 된다.

◎ 자료

없음

◎ 목표행동 성취를 위한 단계적 지도과정

step 1 주양육자는 영아에게 일상생활에서 자연스럽게 믿을 수 있는 성인과 함께할 수 있는 시간(예: 이웃집 방문, 모임)을 마련해 준다. 이때 영아가 안정감을 가질 수 있도록 주양육자가 항상 함께한다.

step 2 주양육자는 영아가 친숙한 성인과 놀이를 즐길 수 있도록 유도한다(예: 자동차 타기, 터널 통과하기).

step 3 영아가 친숙한 성인과 함께 놀이에 집중하기 시작하면 주양육자는 친숙한 성인이 영아에게 자극과 제안을 해 보도록 한다(예: 속도를 줄여 자동차 타기, 차례를 지켜 터널 통과하기). 영아가 친숙한 성인의 지시에 따르는지 관찰하고 칭찬해 준다.

◎ 일상생활에서의 지도과정

영아가 다른 사람의 자극과 제안에 따르는 행동을 나타내지 않을 경우, 주양육자와 다른 성인, 영아가 함께 놀이를 시작하였다가 주양육자의 역할은 점차 축소시켜 나가면서 관찰자의 역할만을 수행하고, 다른 성인과 영아가 상호작용을 할 수 있는 시간을 주어 영아와 다른 성인의 관계 형성을 돕는다. 또한 영아와 다른 성인과의 관계가 더욱 친숙해질 수 있도록 상호작용을 나눌 수 있는 정기적인 시간을 지속적으로 마련한다.

성인의 섣부른 개입과 제안은 영아가 놀이를 철회하고 주양육자에게 돌아가게 할 수 있으므로 영아가 하고 있는 놀이의 흐름을 따라서 맥락에 맞는 확장적인 반응을 주어야 한다.

◎ 고려사항

장애영아의 경우는 주양육자가 아닌 다른 성인이나 또래와 상호작용을 할 때 주양육자의 중재하에 장애영아의 수준에 맞는 놀이를 하도록 해 준다. 이때 장애 영아를 특별하게 대하거나 과잉보호하는 행동은 자제한다.

애착불안이 있는 영아의 경우는 우선 주양육자와 안정적인 애착 형성을 한 다음에 타인과 관계 형성을 하도록 신중하게 시도한다.

◎ 목표행동 성취기준

영아는 가족이나 주양육자가 아닌 다른 사람의 자극과 제안에 따르고 놀이를 함께 유지하는 행동을 일주일 동안 최소 5회 이상 보인다.

3. 목표행동

사진에서 자신을 찾아낸다.

◎ 목표행동 성취의 중요성

영아는 자신의 신체상을 인식하기 시작하면서 이에 대한 반응으로 거울, 사진, 비디오 등에서 자신의 모습을 알아보게 된다. 이러한 경험을 통해 영아는 자신이 다른 사람과 분리된 개별적인 존재임을 인식하게 되는데, 이는 영아의 자아개념 발달에 중요한 역할을 한다.

◎ 자료

영아의 가족사진

◎ 목표행동 성취를 위한 단계적 지도과정

step 1 주양육자는 영아와 함께 가족사진이 담긴 앨범을 보면서 사진 속의 사람들을 가리키며 그 사람이 누구인지 맞혀 보는 활동(예: "공원에서 찍은 사진이야. 엄마 어디 있나 한번 찾아볼까?")을 한다. 영아에게 답할 수 있도록 충분한 시간을 주고, 만약 영아가 틀리게 가리키면 주양육자가 다시 알려 준다.

step 2 주양육자는 영아에게 자신을 찾을 수 있는지 물어보고(예: "그럼 이번에는 우리 예쁜 ○○이 어디 있나 찾아볼까?") 영아가 자신의 모습을 찾아 가리키는지 살펴본다.

step 3 영아가 목표행동(사진 속 자신의 모습을 찾아 지시하기)을 나타냈을 때는 칭찬해(예: "우리 ○○이 여기 있었네. 잘 찾는구나.") 주고 주양육자의 자극 없이 스스로 사진을 보며 자신의 모습을 찾아보는 행동이 나타나는지 관찰한다.

◎ 일상생활에서의 지도과정

영아의 독사진, 가족사진, 친구와 찍은 사진 등을 영아가 쉽게 볼 수 있는 곳(예: 선반, 벽)에 비치해 두고 자신의 모습을 찾아보는 경험을 지속적으로 할 수 있도록 한다. 또한 자신의 모습을 찾았을 때 이름을 불러 보도록 하는 활동도 영아의 자아개념 형성에 중요한 역할을 한다. 사진뿐만 아니라 영아의 모습을 녹화한 비디오 필름의 자료를 활용하여 보여 주는 것도 도움이 된다.

◎ 고려사항

발달지체 영아의 경우는 목표행동(사진 속 자신의 모습을 찾아 지시하기)을 유도하기 위한 질문을 던질 때 영아가 잘 이해할 수 있도록 최대한 간결하게 하도록 한다.

뇌성마비 영아의 경우는 고개나 손짓이 정확하지 않아 가족사진에서 자신의 위치를 지적하기가 어렵다. 그러므로 대형 가족사진에서 자신을 찾거나 방향을 정확히 가리킬 수 있는 위치에 가족의 개인사진을 놓아 그중에서 자신을 선택하도록 한다.

시각장애 영아의 경우는 잔존 시력이 있는 저시력 영아에게는 확대된 사진에서 자신을 찾도록 하고 전혀 볼 수 없는 전맹 영아에게는 사진 내용을 들려준 후 "○○ 친구 옆에는 누가 있을까?" 라고 질문한 다음 "나" 또는 자신의 이름을 말하도록 한다. 혹은 동영상을 이용해 자신의 목소리를 찾도록 한다.

◎ 목표행동 성취기준

영아는 가족사진 또는 영아가 알고 있는 다른 사람과 찍은 사진 속에서 자신의 모습을 찾아 지시하는 행동을 10회 시도 중 최소 8회 이상 보인다.

4. 목표행동

친구를 때리거나 밀치는 공격적인 행동을 한다.

◎ 목표행동 성취의 중요성

영아는 자신의 요구를 적절한 언어로 표현하기 어렵고, 자신의 공격행동의 결과에 대해 체계적으로 사고하기가 어렵기 때문에 공격성을 보이기도 한다. 특히

이 시기에는 놀잇감을 서로 가지려고 공격적인 행동을 보이는 경우가 많은데, 영아에게 이러한 성향이 나타났을 경우 주양육자는 협상, 나누어 쓰기 등의 적절한 해결방법을 제시하여 친사회성 발달을 도모하고 내재되어 있는 공격성을 긍정적인 방법으로 표출할 수 있도록 해 주어야 한다. 이는 영아가 효과적인 대인관계 기술을 습득하고 도덕적 사고를 발달시키는 데 중요한 영향을 미친다.

◎ 자료

없음

◎ 목표행동 성취를 위한 단계적 지도과정

step 1 주양육자는 자유놀이 상황에서 영아가 또래 영아와 어떻게 상호작용을 하는지 관찰해 본다. 영아가 다른 영아의 놀잇감에 관심을 나타내며 강제로 빼앗기, 물기, 꼬집기/할퀴기, 밀기, 손/발로 때리기 등의 행동을 나타내는지 살펴본다.

step 2 영아가 공격적인 행동을 나타냈을 경우 주양육자는 영아의 행동을 멈추게 하고 놀잇감을 공유하는 행동으로 중재시켜야 한다(예: "○○야, 그만! 무슨 일이야? 친구의 놀잇감이 갖고 싶다고 친구를 때리면 안 돼요. 친구한테 놀잇감 한 개만 빌려 달라고 물어보는 게 어떨까? 엄마가 도와줄게. 같이 해 보자.").

step 3 주양육자는 영아의 놀이 상황을 계속 지켜보며 분쟁 상황이 생겼을 때 적절하게 중재해 주도록 한다.

◎ 일상생활에서의 지도과정

공격성의 원인은 기본적으로 바람직한 사회성 기술발달이 미흡하여 나타나는 것으로 볼 수 있으며, 가정과 대중매체의 영향도 무시할 수 없다. 가정에서 주양육자가 영아를 심하게 체벌할 경우 영아가 그 행동을 그대로 모방하여 공격적인 성향을 드러내게 되므로 주양육자는 영아가 모델링할 수 있는 바람직한 모습을 보여 주어 영아가 사회적 기술을 증진하도록 돕는다. 이때 일관된 양육태도를 유지하는 것이 중요하다.

교육기관에서 놀잇감 수가 영아의 수에 비해 부족할 경우 영아의 공격적인 행동이 지속적으로 나타날 수 있으므로 초기에는 영아의 수만큼 충분한 놀잇감을 제공하였다가 점차 흥미롭고 새로운 놀잇감을 조금씩 제공하여 영아가 공유 경험을 하고 친사회적인 행동을 형성하도록 도와준다. 영아는 놀잇감의 양이 충분하더라도 다른 친구가 가지고 있는 것에 관심을 가지는 경우도 있는데 이러한 놀잇감 차지 경쟁은 '함께 놀기'로 발달해 가는 과도기적 행동이니 이를 인지하고 지켜본다.

◎ 고려사항

언어발달이 지연될 경우 공격적인 행동이 다소 짙게 드러날 수도 있다. 이때는 주양육자가 바람직한 행동으로 바꾸어 주어 영아가 행동을 점차 수정해 나갈 수 있도록 한다.

◎ 목표행동 성취기준

영아는 또래 집단에서 상호작용 시에 놀잇감 분쟁 등으로 때리기, 밀기, 물기 등의 공격적인 행동을 나타내었다가 주양육자의 지도로 친사회적 행동으로 문제를 해결해 나가려는 행동을 일주일 동안 최소 5회 이상 보인다.

5. 목표행동

자주 떼를 쓰고 고집을 부린다.

◎ 목표행동 성취의 중요성

영아는 분노의 정서 상태를 떼쓰기, 고집 부리기 등의 구체화된 형태로 나타내게 되는데 이는 영아 자신이 하고 싶은 것을 제재받는 욕구의 좌절 때문에 일어나게 된다. 분노를 표출하는 것은 이 시기에 최고조에 달했다가 성장하면서 점차 감소하게 된다. 주로 신체적 또는 심리적 요건에 따라 분노의 감정이 달라지는데 주양육자가 영아의 정서를 수용하여 적절히 표출될 수 있도록 하는 것이 영아의 전반적인 사회정서 발달에 긍정적인 영향을 줄 수 있다.

◎ 자료

없음

◎ 목표행동 성취를 위한 단계적 지도과정

step 1 일상생활에서 영아가 욕구가 충족되지 않아 심하게 울기, 떼쓰기, 고집 부리기 등의 행동을 나타내는지 관찰한다(예: 놀잇감에 대한 소유, 흥미를 보이는 활동의 연장).

step 2 영아에게서 울기, 떼쓰기, 고집 부리기 등의 행동이 관찰되었을 경우 주양육자는 영아의 감정에 동조해 주고 위로해 주며, 영아가 행동을 멈추고 주양육자와 이야기를 나누도록 하여 욕구를 해결해 준다.

step 3 주양육자는 영아가 왜 떼를 쓰고 우는지 감정을 말로 표현할 수 있도록 유도한다. 영아가 자신의 감정을 말로 표현하면, 주양육자는 영아의 이야기를 잘 들어주면서 감정을 달래 준다(예: "○○가 그래서 속상했구나. 그래서 눈물이 나왔구나. 그래 많이 속상했겠다."). 그 후 '나 전달법'

을 사용하여 영아에게 양육자의 마음을 알려 주며 어떻게 행동수정을 해야 하는지 알려 준다(예: "그런데 ○○가 떼를 쓰니까 엄마는 많이 속상해. 앞으로 ○○가 떼를 쓰거나 울지 않고 지금처럼 말로 이야기해 주면 엄마는 정말 행복하겠어. 앞으로 멋쟁이 형님/언니처럼 말로 해 줄 수 있니?").

◎ 일상생활에서의 지도과정

주양육자는 이 시기에 영아가 주위 사람에게 짜증을 심하게 내거나 명령을 하는 등 '작은 왕'처럼 행동을 하여 종종 벌을 주게 된다. 이에 주양육자는 체벌보다는 영아와 함께 자신의 욕구를 조절해 보는 경험과 바람직한 대인관계 기술을 익혀 보는 경험을 함으로써 영아가 긍정적인 상호작용을 통해 적절한 방법으로 정서를 표출할 수 있도록 도움을 준다(예: 울며 떼쓰는 행동을 자제하고 대화로서 해결하기, 또래 친구의 놀잇감이 갖고 싶을 때는 두 손을 내밀며 빌려 달라고 요청하기). 이때 주양육자가 영아의 행동을 확대해석하고 강압적인 양육태도로 일관할 경우 영아가 공격적인 성향을 가질 가능성은 커진다.

◎ 고려사항

영아가 욕구가 좌절될 때 화를 분노발작(temper tantrum)으로 표현하여 상호작용 대상자를 조정하는 행동이 이미 고착된 경우, 일상적인 수준의 대화와 설득으로 중재하기에는 어려움이 있으므로 신뢰(rapport)가 형성된 주양육자의 일관성 있는 반응이 절대적으로 필요하다.

장애영아의 경우는 주양육자가 영아의 문제행동 목적을 우선 이해하고 있어야 한다. 예를 들어 영아가 공격행동, 자기상해, 화를 내는 행동을 보이는 것은 타인의 관심을 받기 위함일 수 있고, 자신의 욕구를 표현할 수 있는 의사소통의 방법을 모르기 때문일 수도 있다.

뇌성마비 영아의 경우는 장애로 인하여 특히 더 '작은 왕'처럼 구는 일이 많다.

뇌성마비 영아도 일반영아와 같은 방법으로 대해야 하며 자칫 나쁜 습관을 기르지 않도록 주의한다.

청각장애 영아의 경우는 주양육자의 언어적인 상호작용에 대해서 시각적인 암시(예: 대화 내용을 전달하는 데 도움을 주는 몸짓과 얼굴 표정)를 주며 지도한다.

◎ 목표행동 성취기준

영아는 일상생활에서 떼를 쓰고 고집을 부리며 우는 행동을 나타내었다가 주양육자의 지도로 적절한 상호작용으로 문제를 해결하려고 하는 행동을 일주일 동안 최소 5회 이상 보인다.

6. 목표행동

자기 물건에 대한 소유욕이 강하다.

◎ 목표행동 성취의 중요성

영아는 또래와 놀이를 할 때 "내 거야."라는 언어적인 반응과 어떤 사물을 손에 쥐고 놓지 않는 비언어적 반응을 나타내게 된다. 이와 같은 소유 개념은 영아가 사회환경 속에서 자아를 인식하고 있음을 나타내는 것으로 이후 자아발달과정에 중요한 영향을 미친다.

◎ 자료

영아가 좋아하는 놀잇감(예: 다양한 종류의 블록, 소꿉놀이, 자동차/비행기), 옷

◎ 목표행동 성취를 위한 단계적 지도과정

step 1 일과 속에서 영아가 놀이를 하고 있을 때, 주양육자는 영아가 가지고

있는 놀잇감을 가리키며 주양육자에게 건네주기를 유도한다(예: "○○가 갖고 있는 자동차 좀 볼 수 있을까?" "엄마 좀 줄래?").

step 2 영아가 놀잇감을 다른 쪽으로 감추거나 움켜쥐고 주지 않으려고 하는 행동을 보이는지 관찰한다. 또는 "안돼." "내 거야."라는 언어적 반응이 나타나는지 관찰한다.

step 3 위의 지도과정을 여러 번 반복한 후에 영아에게서 스스로 소유 행동이 나타는지 관찰한다.

◎ 일상생활에서의 지도과정

영아의 옷가지나 놀잇감 등을 이용하여 일과 속에서 영아의 것임을 인식시켜 주고 지도하도록 한다.

◎ 고려사항

시각장애 영아의 경우는 공유하기 경험이 어려울 수 있으므로 주양육자는 일과 속에서 영아에게 상황과 관계성에 대해서 충분히 설명하여 이해시켜 주고 연계적인 단계로 나누어 성공할 수 있도록 활동을 구조화하여 지도한다. 잔존 시력이 있는 저시력 영아의 경우는 언어적 설명과 함께 가까이에 있는 다른 영아가 물건을 가져가는 것을 보게 한 후 평가한다. 전혀 보이지 않는 전맹 영아의 경우는 물건이 옮겨진 상황을 언어적으로 설명(예: "○○가 △△을 가져갔네. △△는 누구 것이지?") 해 주고 반응이 나타나는지 살핀다.

◎ 목표행동 성취기준

영아의 옷가지나 놀잇감 건네주기를 유도했을 경우 움켜쥐고 주지 않으려는 행동을 나타내거나 물건을 다른 쪽으로 감추는 등 '내 거'라는 소유 표시를 나타내는 행동을 하루 일과 중 최소 5회 이상 보인다.

08 월령: 31~36개월

1. 목표행동

다른 영아나 성인과 함께 차례를 기다려야 하는 상황에서 자신의 순서를 기다린다.

◎ 목표행동 성취의 중요성

이 시기의 영아는 이전 시기보다 운동 능력이 증진되어 미끄럼틀 타기, 공놀이, 터널 통과하기, 자동차 타기 등의 대근육 운동기술을 사용하는 놀이 활동이 현저하게 많이 나타나고 집단 활동을 경험하게 된다. 이를 통해 영아는 순서 지키기, 공유하기, 협동하기 등의 사회적인 기술을 획득할 수 있게 되는데, 이는 사회성 발달에 중요한 역할을 하게 된다. 더 나아가 영아가 속한 문화에 대해 이해를 촉진하게 되고 사회에서 수용되는 사회적 규범을 내면화할 수 있는 바탕을 마련한다.

◎ 자료

놀이 활동에 필요한 기구(예: 원통터널, 공, 바퀴 달린 타는 놀잇감: 자동차, 목마, 미끄럼틀, 그네)

◎ 목표행동 성취를 위한 단계적 지도과정

step 1 터널 통과하기, 미끄럼틀 타기와 같은 집단 활동에서 주양육자는 별도의 지시 없이 영아의 행동을 관찰한다.

step 2 영아가 스스로 자신의 차례를 잘 기다리면 칭찬해 주고, 영아가 차례를 지키지 못할 경우 주양육자가 먼저 차례 지키기를 시범 보인 후 영아에게 설명해 주며 함께 연습한다(예: 다른 영아가 미끄럼틀을 타고 있는 경우 "앞에 친구가 미끄럼틀을 타고 있으면 그 친구가 먼저 내려간 후에 기다렸다가 타야 해. 빨리 타고 싶다고 한꺼번에 탔다가는 크게 다칠 수 있어. 여기 계단 뒤에서 한 줄 기차 하면서 기다려 볼까?").

step 3 주양육자의 차례 지키기 지도와 설명 후 영아에게서 스스로 자신의 순서를 기다리는 행동이 관찰되는지 확인하고, 잘 기다렸다면 칭찬(예: 머리 쓰다듬어 주기, 토닥여 주기 등)해 준다.

◎ 일상생활에서의 지도과정

버스나 지하철, 놀이공원, 놀이터 등의 공공장소에서 줄을 서며 차례를 지키는 모습을 자주 보여 주고 영아도 함께 연습해 보는 기회를 지속적으로 갖도록 한다.

또래 영아와 함께 모여 앉아 하나의 공을 가지고 굴려 보고 서로 주고받는 놀이를 하며 자신의 차례를 기다려 보는 연습을 한다.

실외 놀이를 할 때 영아가 차례대로 그네를 타야 할 상황이 생기면 기다리는 영아가 지루하지 않게 차례를 기다릴 수 있도록 좋아하는 노래를 한 번 부를 때까지 기다렸다가 그네를 타는 방법으로 영아와 함께 규칙을 정해 놓는다.

이 시기의 영아는 아직 인내할 수 있는 시간이 길지 않으므로, 영아가 기다리다가 지치지 않도록 시간 안배에 주의한다.

◎ 고려사항

발달지체 영아의 경우는 집단놀이 활동에 제한이 있을 수 있지만 활동에 참여하는 것을 즐길 수 있도록 유도하고, 이를 통해 차례 지키기를 배울 수 있도록 한다. 장애가 있다고 해서 영아를 특별 대우하며 줄 서는 것을 연습시키지 않으면 사회적응력이 부족해지므로 사회정서적으로 일반영아와 똑같이 대하고 규칙을 지키도록 지도한다.

청각장애 영아의 경우는 언어적 지시에 상관없이 관심 있는 활동에 먼저 참여하거나 놀잇감을 먼저 소유하려는 경향이 있으므로, 언어적 제지(예: "○○야, 조금만 천천히 차례대로 기다려요! ○○이 다음에 할 거예요!")와 함께 행동적인 제지(예: 제지하는 단호한 얼굴 표정과 좌우 교차하는 손동작)를 함께 해 준다.

시각장애 영아의 경우는 줄을 서서 기다려야 하는 위치를 설명해 주고 안내해 준 후 영아가 반복되는 상황에서 차례를 지키기 위해 줄을 서기 위한 행동을 하는지 살핀다.

◎ 목표행동 성취기준

영아는 다른 영아와의 집단 활동 속에서 자신의 차례를 지키는 행동을 하루 일과 중 최소 5회 이상 보인다.

2. 목표행동

특별히 좋아하는 놀이 친구가 있다.

◎ 목표행동 성취의 중요성

영아의 초기 주요 놀이 상대는 주양육자다. 영아는 주양육자와 사회적 게임(예: 까꿍놀이)을 하면서 사회규칙을 연습하고 획득하며, 성장하면서 점차 또래와 놀이할 기회를 많이 갖고 다양한 놀이를 하면서 풍부한 사회 경험을 하게 된다. 이러한 과정에서 영아는 자신과 비슷하게 놀이를 구조화하는 특정 놀이 상대에 대한 선호를 나타내게 되고 그에 따른 정서 표현도 할 수 있게 된다.

◎ 자료

영아와 친숙한 또래의 영아 3~4명, 다양한 놀잇감(예: 블록, 막대블록, 소꿉놀이)

◎ 목표행동 성취를 위한 단계적 지도과정

step 1 주양육자는 영아가 이전의 경험에서 친숙한 관계를 맺어 온 또래 영아 3~4명과 함께 같은 장소에서 놀이를 하도록 해 준다. 영아가 교육기관을 이용하는 경우 자유놀이 상황을 관찰하도록 한다.

step 2 놀이 상황에서 영아가 함께 상호작용을 하며 놀이를 즐기는 특정 영아가 있는지 확인한다(예: 블록으로 같이 집 짓기/자동차 만들기, 소꿉놀이를 하며 맛있는 음식 주고받기, 자신이 만든 놀잇감을 보여 주기, 쓰다듬어 주기, 뽀뽀하기).

◎ 일상생활에서의 지도과정

영아가 주기적으로 또래와 상호작용을 할 수 있도록 기회를 마련해 주고, 여러 명의 영아와 놀이를 해 볼 수 있도록 한다.

교육기관에서는 영아가 좋아하는 친구에게 느끼는 감정을 교사에게 이야기하면 교사가 대신해서 편지를 써서 친구에게 전달한다. 또는 좋아하는 친구에게 교사가 대신해서 귓속말로 "쉿! 비밀인데, ○○가 너를 정말 좋아한대. 우와 좋겠다."라고 전달한다.

◎ 고려사항

발달지체 영아의 경우는 집단놀이 활동에 제한이 있을 수 있지만 활동에 참여하는 것을 즐길 수 있도록 유도하고, 이를 통해 또래와 친숙하게 지낼 수 있는 기회를 마련해 준다.

◎ 목표행동 성취기준

영아는 자유놀이 상황에서 특정 영아에게 자신이 만든 놀잇감 보여 주기, 함께 놀이하기, 애정 표현하기 등의 좋아하는 행동을 일주일 동안 최소 5회 이상 보인다.

3. 목표행동

기본적인 규칙을 안다.

◎ 목표행동 성취의 중요성

영아는 또래 영아와 대 · 소집단 활동을 하면서 순서 지키기, 공유하기, 협동하기 등의 집단의 기본 규칙을 경험하고, 사회 기술을 획득하게 되는데, 이는 사회성 발달에 중요한 역할을 한다. 더 나아가 영아가 속한 문화에 대한 이해를 촉진하고 사회에서 수용되는 규범을 내면화할 수 있는 토대를 마련한다.

◎ 자료

인형(예: 동물이나 사람 인형)

◎ 목표행동 성취를 위한 단계적 지도과정

step 1 주양육자는 평소 영아가 또래 영아와 놀이를 할 때 놀이의 차례나 질서를 잘 지키는지 관찰한다(예: 공놀이를 번갈아 가며 하기, 차례대로 자동차/미끄럼틀 타기). 영아가 줄을 서서 자신의 순서를 기다리거나 다른 영아의 놀이가 끝날 때까지 기다려 주는 행동을 보이면 칭찬해 준다.

step 2 주양육자는 영아와 함께 인형을 가지고 역할놀이를 할 때, 인사하는 상황을 가정하여 영아가 인사하는 경험을 접해 볼 수 있도록 한다. 영아가 실제 상황(예: 현관에서 엄마/아빠와 헤어지며 인사하기, 취침 전/후에 인사하기, 다른 영아와 인사하기, 식사 전/후에 인사하기)에서도 자연스럽게 인사하는 모습(비언어적 행동 예: 손 흔들기, 고개 숙이기, 허리 굽히기/언어적 행동 예: "안녕." "안녕하세요." "빠이~." "잘 먹겠습니다.")이 관찰되는지 확인하고 예의 바르다고 칭찬해 준다.

step 3 영아에게서 차례 지키기, 인사하기 등의 기본 규칙을 지키는 모습이 나타나지 않을 경우 주양육자가 먼저 질서 지키는 모습과 인사하는 모습을 보여 영아가 모방하도록 유도한다.

◎ 일상생활에서의 지도과정

버스나 지하철, 놀이공원, 놀이터 등의 공공장소에서 줄을 서며 차례를 지키는 모습을 자주 보여 주고 영아도 함께 연습해 보는 기회를 지속적으로 갖도록 한다. 영아와 함께 여러 가지 상황에 맞는 인사 방법을 알아보고, 직접 인사해 보는 경험을 갖게 한다. 여러 상황의 그림 자료를 준비하여 주양육자와 영아가 번갈아 가며 인사 연습을 한다.

다른 사람이 영아의 가정에 방문했을 경우 주양육자는 영아와 함께 나가서 문을 열어 주고 바르게 인사하는 모습을 보여 주어 영아가 모방할 수 있도록 한다.

교육기관 일과 내에서는 등원이나 귀가를 할 때 영아가 보는 앞에서 보호자와 교사가 인사하는 모습을 지속적으로 보여 준다.

매일 빈번하게 일어나는 식사시간에 "잘 먹겠습니다." "잘 먹었습니다." 등의 인사를 할 수 있도록 지도한다.

◎ 고려사항

장애영아의 경우는 일과 속에서 자연스럽게 진행하여 실제 경험과 연계하여 지도하도록 한다.

발달지체 영아의 경우는 집단놀이 활동에 제한이 있을 수 있지만 활동에 참여하는 것을 즐길 수 있도록 유도하고, 이를 통해 기본적인 규칙을 배울 수 있도록 한다.

뇌성마비 영아의 경우는 고개의 움직임이 원활하지 못하고 정확한 모방 동작이 어려우므로 주양육자가 손으로 영아가 고개를 숙일 수 있도록 도와준다. 이때 영아가 경직성이나 불수의적인 움직임을 보이면, 조금 기다렸다가 편안한 상태에서 다시 시작해 본다.

시각장애 영아의 경우는 인사하기 상황(예: "안녕." – 손 흔들기, "안녕하세요." – 고개 숙여 인사하기)에 알맞은 동작을 언어적 설명과 함께 영아가 정확한 동작을 할 수 있도록 주양육자가 도와주며 반복해 준다.

◎ 목표행동 성취기준

영아는 일상생활에서 인사하기, 차례 지키기 등의 기본 규칙을 지키려는 모습을 하루 일과 중 최소 5회 이상 보인다.

4. 목표행동

또래친구와 놀잇감을 함께 가지고 논다.

◎ 목표행동 성취의 중요성

영아는 또래 영아와의 놀이를 통한 상호작용으로 공유하기, 협동하기, 나누기 등의 놀이와 관련된 사회적 태도와 기술을 형성할 수 있게 되고, 자기중심적인 성향에서 조금은 벗어나 타인의 사고, 지각, 정서 등을 이해하는 조망수용능력의 발달 기반을 마련하게 된다. 또한 대인관계나 집단생활을 하는 데 필요한 초기 도덕적 기준을 배우게 되므로 또래와의 상호작용은 영아의 전반적인 사회성 발달에 큰 영향을 미친다.

◎ 자료

영아가 좋아하는 놀잇감 3~4개

◎ 목표행동 성취를 위한 단계적 지도과정

step 1 주양육자는 영아가 다른 영아와 자유놀이를 하는 상황에서 영아를 관찰한다. 영아가 놀잇감에 관심이 없을 경우 주양육자가 함께 앉아서 놀이를 도와주고 다른 영아와 놀잇감을 공유하며 상호작용(예: 놀잇감 빌려 주기, 다른 영아에게 허락을 구한 후 놀잇감 빌려 오기)을 하는 모습을 영아에게 보여 준다.

step 2 영아가 주양육자의 행동을 모방할 수 있도록 유도한다. 영아에게 다른 영아가 가지고 있는 놀잇감을 갖고 놀고 싶을 때는 상대 영아에게 가져가도 되는지 허락을 구한 후 놀아야 한다고 이야기해 준다. 또한 상대 영아에게 놀잇감을 곧 돌려줄 것임을 약속해야 한다. 영아가 이와 같은 행동을 했을 경우 칭찬해 준다.

step 3 반대로 영아의 놀잇감을 다른 영아가 갖고 놀고 싶어 할 때는 잠시 빌려 줄 것을 권유하고 다시 돌려받을 때는 영아가 상대 영아에게 스스로 청하도록 한다. 주양육자의 지시 없이 영아 스스로 이와 같은 행동을 나타내는지 관찰하고 칭찬(언어적 반응 예: "다른 친구와 사이좋게 노는구나." "놀잇감을 양보해 주었구나." "참 잘했구나.")해 준다.

◎ 일상생활에서의 지도과정

위와 같은 지도과정을 영아와 주양육자가 평상시에 함께 연습하여 놀이 상황에서도 자연스럽게 일어날 수 있도록 한다.

교육기관에서 생활하지 않는 영아의 경우 다른 영아와 상호작용을 할 기회를 주기적으로 마련한다.

교육기관 일과 중 자유선택놀이 시간에 놀잇감을 또래와 나누어 쓰는 방법에 대해 언어로 표현할 수 있도록 지도한다. 예를 들어, 한 영아가 놀고 있던 놀잇감에 싫증을 내고 다른 영아가 가지고 있는 놀잇감에 관심을 보일 때 "빌려 줄래?" "안돼. 지금은 빌려 줄 수 없어." "그럼 언제 빌려 줄 건데?" "세 번 가지고 놀다가 빌려 줄게." "응, 알았어. 세 번 있다가 줘. 기다릴게."와 같이 지속적으로 지도한다.

◎ 고려사항

소유욕이 강한 영아의 경우 지도과정이 다소 어려울 수 있다. 이때는 영아에게 일정 시간을 정해 놓고 놀잇감을 바꾸어 보는 연습 과정을 반복하여 점진적으로 실시하도록 한다.

발달지체 영아의 경우는 집단놀이 활동에 제한이 있을 수 있지만 활동에 참여하는 것을 즐길 수 있도록 유도하고, 이를 통해 또래와 놀잇감을 함께 가지고 노는 것을 배울 수 있는 계기를 마련한다.

◎ 목표행동 성취기준

영아는 또래와 놀이할 때 놀잇감 양보하기, 나누어 쓰기 등의 행동을 일주일 동안 최소 5회 이상 보인다.

5. 목표행동

친숙한 환경에서 주양육자와 잘 떨어진다.

◎ 목표행동 성취의 중요성

주양육자와 안정적인 애착관계를 형성한 영아는 친숙한 환경에서 주양육자와 분리가 쉽게 이루어지는데, 이는 주양육자가 현재 영아 자신의 시야에서는 보이지 않아도 존재(대상영속성)하고 있으며, 주양육자와 재결합할 수 있다는 확신이 있을 때 나타나는 행동이다. 이러한 경험을 통해 영아와 주양육자 간의 안정적인 애착관계 형성 여부를 점검해 볼 수 있고, 영아가 독립심을 형성하고 새로운 환경으로 전이할 수 있다.

◎ 자료

없음

◎ 목표행동 성취를 위한 단계적 지도과정

step 1 영아가 잘 알고 있는 친숙한 사람과 주기적인 상호작용을 통하여 긍정적인 관계를 형성한 후 친숙한 사람의 집 또는 영아의 집에 영아를 부탁하고 주양육자는 일정 시간(약 1시간) 떨어져 있는 경험을 가져본다.

step 2 주양육자는 영아와 떨어질 때 편안하고 안정적으로 행동하도록 한다. 영아가 쉽게 떨어질 경우 인사를 짧게 하고(예: "안녕. 엄마 금방 다녀올게."), 영아가 분리를 어려워할 경우(예: 울기, 떼쓰기) 영아가 안정을 취할 수 있도록 도와주고 영아와 함께 있는 사람 사이에 상호작용이 일어날 때까지 잠시 기다렸다가 떠난다.

step 3 주양육자는 영아와 분리되어 있는 시간을 되도록 일정하게 지키도록 하고 영아와 재결합 시에는 영아를 반갑고 기쁘게 맞이하며 칭찬해 준다.

◎ 일상생활에서의 지도과정

이 지도과정은 영아가 교육기관에서 주양육자와 분리할 수 있도록 돕는 방법이 될 수 있다.

부끄러움이 많거나 의존적인 성향을 가진 영아의 경우는 주양육자와의 분리가 어려울 수 있다. 또한 장기간 병원에 입원한 경험이 있거나, 여행 등의 큰 변화를 겪은 영아는 그 후에 분리가 다소 어려울 수 있다. 이 경우 강제로 분리시키기보다는 영아의 의사를 존중하고 시간을 두어 점차적으로 개선될 수 있도록 지도한다.

초기 교육기관 적응기간에는 엄마와 헤어지기 힘들어 울고 엄마에게 매달리는 영아가 많다. 이때 교사는 엄마와 영아를 억지로 떼어 놓지 말고 엄마에게 영아와 함께 보육실에 들어오도록 권유한다. 이럴 경우 영아는 엄마가 자기 곁에 있다는 사실에 안정감을 갖고 활동에 조금씩 참여하기 시작한다. 그러나 영아가 잘 적응하는 것 같다고 해서 바로 엄마와 분리하는 것은 위험하며, 영아와 엄마의 거리를 조금씩 멀게 하며 영아의 불안감을 서서히 없애는 것이 바람직하다.

◎ 고려사항

영아를 엄마와 순조롭게 분리하기 위해서는 영아가 좋아하는 활동을 배치하여 관심을 유도해야 한다. 예를 들어, 어항을 설치하여 금붕어에게 먹이를 주게 한다거나, 교실에 부드러운 쿠션이나 인형을 준비하여 영아가 편안한 마음으로 쉬거나 놀이할 수 있는 환경을 만들어 준다.

○ 목표행동 성취기준

영아는 친숙한 환경에서 거부반응(예: 울기, 떼쓰기)을 보이지 않고 주양육자와 분리되는 모습을 일주일 동안 최소 5회 이상 보인다.

6. 목표행동

성인이나 또래 한 사람과 함께 놀이를 한다.

○ 목표행동 성취의 중요성

이 시기의 영아는 다른 영아 주위에서 놀이하는 것을 좋아한다. 다른 영아와 구체적인 상호작용을 하거나 게임을 하며 놀지는 못하지만 또래 영아 옆이나 가까이에 있으면서 놀이를 관찰하는 모습을 보인다. 큰 집단에서의 놀이 상황에서는 주양육자의 도움과 감독이 필요하며, 영아끼리 놀잇감을 교환/양보하는 모습 등의 친사회적 상호작용 행동을 나타낼 경우 칭찬으로 촉진시켜 주어야 한다. 영아끼리의 놀이 상황에서 주양육자가 여러 지시와 자극을 한꺼번에 주지 않도록 하며 영아의 주도하에 놀이가 이루어지도록 한다.

○ 자료

없음

○ 목표행동 성취를 위한 단계적 지도과정

step 1 주양육자는 자유놀이 상황에서 영아가 한 명의 또래 영아 또는 성인과 상호작용을 하며 놀이를 할 수 있도록 유도한다. 영아가 또래 영아와 상호작용을 할 때 주양육자는 뒤로 물러나 개입하지 않고 관찰자의 역할만 한다.

step 2 영아가 또래와 상호작용을 하지 않을 경우에는 주양육자가 놀이 파트너로 함께 참여한다. 이때 주양육자는 너무 많은 지시와 자극을 주지 않도록 하고 영아의 놀이를 관찰한다.

◎ 일상생활에서의 지도과정

영아가 주양육자뿐만 아니라 다른 친숙한 성인과도 놀이할 수 있도록 해 준다.

저녁 시간은 영아가 피곤하여 활동이 어려운 시간이므로 가능하면 조용하고 자극이 적은 활동을 하도록 한다.

◎ 고려사항

장애영아의 경우는 다른 사람과의 놀이활동을 짧은 시간 내에 단순하고 의미있게 할 수 있도록 지도한다.

발달지체 영아의 경우는 집단놀이 활동에 제한이 있을 수 있지만 활동에 참여하는 것을 즐길 수 있도록 유도하고, 이를 통해 다른 사람과 놀이하는 것을 배울 수 있는 계기를 마련한다.

◎ 목표행동 성취기준

영아는 놀이 상황에서 친숙한 한 명의 성인 또는 또래 영아와 상호작용을 하는 행동을 일주일 동안 최소 5회 이상 보인다.

7. 목표행동

한 장소에서 다른 장소로 이동할 때, 교실의 환경이 바뀌었을 때, 다른 활동으로 바꿀 때 거부감을 나타낸다.

◎ 목표행동 성취의 중요성

영아는 일관되고 규칙적인 일상생활에 기초해 다양한 환경을 접할 수 있는 기회를 갖게 된다. 이러한 과정에서 친숙한 일과 외의 변화를 낯설어하거나 두려움의 정서로 표현하게 되는데, 이때 주양육자는 영아가 새로운 실내 및 실외 환경에 익숙해지도록 도와주어 영아가 편안하고 안정된 모습을 취할 수 있게 해 준다. 다양한 환경을 경험한 영아는 한 장소만 머물렀던 영아보다 폭넓은 세계로 전이하는 것이 순조로울 수 있다.

◎ 자료

없음

◎ 목표행동 성취를 위한 단계적 지도과정

step 1 주양육자는 영아와 함께 처음 접하는 다른 집이나 교육기관을 방문해 보고 영아가 나타내는 반응(예: 주양육자에게서 떨어지지 않기, 얼굴을 찡그리거나 울기, 칭얼대기)을 살펴본다.

step 2 영아가 두려움의 반응(예: 주양육자에게서 떨어지지 않기, 얼굴을 찡그리거나 울기, 칭얼대기)을 나타낼 경우 조용한 장소로 이동하여 영아가 안정을 취할 수 있도록 한다.

step 3 영아가 활동의 전이과정(예: 실외 놀이를 마치고 실내로 들어갈 때, 유희실 놀이를 마치고 교실로 들어갈 때)을 경험하면서 거부반응(예: 진행 중인 활동을 계속하려는 모습, 진행 중인 활동 장소에 주저앉기, 떼쓰기, 울기)을 드러내는지 확인한다. 영아에게서 거부반응이 나타났을 경우 다음 활동에 대해 자세히 소개한 후 영아가 하고 싶어 하는 활동을 다음 기회에 할 수 있도록 약속한다. 이때 주양육자는 영아와 한 약속은 반드시 지켜야 한다.

◎ 일상생활에서의 지도과정

영아가 심하게 스트레스를 받거나 당황한 모습을 보이면 그 장소에는 짧은 시간만 머물 수 있도록 하고 자주 방문하여 머무는 시간을 늘려 가며 영아가 친숙함을 느낄 수 있도록 해야 한다. 이는 영아의 교육기관 초기 적응과정에도 해당되며, 영아가 충분히 적응하여 안정감을 가질 수 있을 때 그 환경으로 옮겨 가는 것이 좋다.

◎ 고려사항

영아가 보이는 문제행동과 적응능력은 지극히 다양하고 개별적일 수 있다. 특히 교육기관에서 영아를 지도하는 교사는 영아의 개별성을 존중해 주고 영아가 편안함을 느낄 수 있도록 도움을 주어야 한다.

장애영아의 경우는 일과 속에서 자연스럽게 지도하도록 하고 성취 가능한 활동을 제시해 준다.

시각장애 영아의 경우는 보이지 않기 때문에 불안감이 가중될 수 있으므로 영아가 서서히 적응해 갈 수 있도록 해 준다.

◎ 목표행동 성취기준

영아는 장소의 이동, 환경의 전환, 활동의 전이 등 변화가 생겼을 때 거부반응(예: 얼굴 찡그리기, 울기, 떼쓰기)을 나타내는 행동을 일주일 동안 최소 5회 이상 보인다.

memo

저자 소개

서소정

이화여자대학교 가정관리학과 학사(B.A.)
미국 미시간 주립대학교 학사(영유아보육행정 B.S.)
미국 미시간 주립대학교 대학원 석사(아동발달 M.A.)
미국 미시간 주립대학교 대학원 박사(영유아보육 Ph.D.)
현 경희대학교 아동가족학과 부교수 및 교육대학원 유아교육전공 주임교수

장혜성

이화여자대학교 특수교육학과 학사(B.A.)
이화여자대학교 대학원 특수교육학 석사(M.A.)
미국 펜실베이니아 주립대학교 대학원 특수교육학 석사(M.S.)
이화여자대학교 대학원 특수교육학 박사(Ph.D.)
현 가톨릭대학교 특수교육과 부교수

하지영

이화여자대학교 소비자인간발달학과 학사(B.A.)
이화여자대학교 대학원 아동학 석사(M.A.)
경희대학교 대학원 박사과정 수료(아동학전공)
전 이화여자대학교 인간생활환경연구소 전임연구원 및 구립 청담어린이집 교사
현 경희대학교 아동가족학과 강사

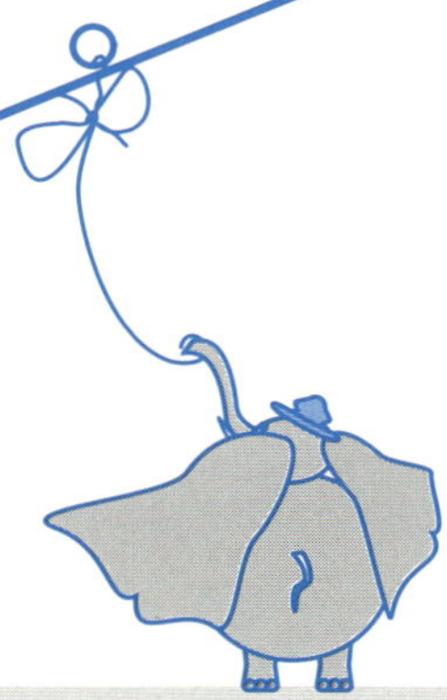

0~36개월

DEP 조기중재 교육과정 ⑤ 사회정서

2010년 6월 25일 1판 1쇄 인쇄
2010년 6월 30일 1판 1쇄 발행

지은이 • 서소정 · 장혜성 · 하지영
펴낸이 • 김진환
펴낸곳 • (주) 학지사
121-837 서울시 마포구 서교동 352-29 마인드월드빌딩 5층
대표전화 • 02-330-5114 팩스 • 02-324-2345
등록번호 • 제313-2006-000265호

홈페이지 • http://www.hakjisa.co.kr
커뮤니티 • http://cafe.naver.com/hakjisa

ISBN 978-89-6330-427-4 94370
978-89-6330-422-9 94370 (set)

정가 13,000원

저자와의 협약으로 인지는 생략합니다.
파본은 구입처에서 교환해 드립니다.